MARCO POLO

# Bali

## Lombok

Reisen mit Insider Tipps

Diesen Reiseführer schrieb Eva Gerberding. Sie verbrachte zwei Jahre in Indonesien und lebt nun als freie Autorin in Hamburg.

**www.marcopolo.de**

Infos zu den beliebtesten Reisezielen im Internet, siehe auch Seite 102

## SYMBOLE

Insider Tipp **MARCO POLO INSIDER-TIPPS:**
Von unserer Autorin für Sie entdeckt

★ **MARCO POLO HIGHLIGHTS:**
Alles, was Sie auf Bali und Lombok kennen sollten

**HIER HABEN SIE EINE SCHÖNE AUSSICHT**

**WO SIE JUNGE LEUTE TREFFEN**

## PREISKATEGORIEN

**Hotels**

| | |
|---|---|
| €€€ | über 100 Euro |
| €€ | 35–100 Euro |
| € | unter 35 Euro |

Die Preise gelten für ein Doppelzimmer inklusive Frühstück.

**Restaurants**

| | |
|---|---|
| €€€ | über 11 Euro |
| €€ | 4–11 Euro |
| € | unter 4 Euro |

Die Preise gelten für ein Abendessen mit Vorspeise und Hauptgericht.

## KARTEN

**[114 A1]** Seitenzahlen und Koordinaten für den Reiseatlas Bali/Lombok

**[U A1]** Koordinaten für die Kuta-Karte im hinteren Umschlag

**[0]** außerhalb des Kartenausschnitts

Eine Übersichtskarte Indonesien finden Sie im hinteren Umschlag.

Zu Ihrer Orientierung sind auch die Orte mit Koordinaten versehen, die nicht im Reiseatlas eingetragen sind.

## GUT ZU WISSEN

# Inhalt

# Die wichtigsten
# MARCO POLO Highlights

**Sehenswürdigkeiten, Orte und Erlebnisse, die Sie nicht verpassen sollten**

**1 Galungan und Kuningan**
Beim größten Tempelfest Balis tragen Frauen in Prozessionen hohe Opfertürme aus Speisen und Blumen (Seite 24)

**2 Batur-See**
Komplexe Tempelanlage, Fernblick, Bootsfahrt und Bali-Aga-Dorf Trunyan (Seite 30)

**3 Pura Luhur Ulu Watu**
Ein Tempelerlebnis hoch über dem Meer: spektakulär und berauschend (Seite 32)

**4 Besakih**
Der »Muttertempel« der Balinesen am Fuße des Vulkans Gunung Agung ist der größte Tempelbau der Insel (Seite 37)

**5 Tenganan**
Tradition, Kunsthandwerk, Kommerz im alten, traditionellen Bali-Aga-Dorf (Seite 38)

**6 Kerta Gosa**
Die Gerichtshalle in Klungkung mit Deckenfresken im einmaligen Wayang-Stil (Seite 41)

**7 Nusa Lembongan**
Tauchen, Surfen und weiße Strände auf der kleinen Insel östlich von Sanur (Seite 42)

*Landschaft am Batur-See*

*Kerta Gosa in Klungkung*

**8 Pulau Menjangan**
Das Mekka für alle Tauchfans im Norden Balis in einem Naturschutzgebiet (Seite 55)

**9 Taman Nasional Bali Barat**
Im Westen der Insel erstreckt sich ein einzigartiger, fast 800 $km^2$ großer Nationalpark mit Bergwäldern, Savanne und Mangroven (Seite 56)

**10 Museum Neka**
Balinesische Malerei des 20. Jhs. und Werke europäischer Maler, die die balinesische Kunst beeinflussten (Seite 63)

**11 Suranadi**
Kühle Luft am Fuße des Rinjani auf Lombok: Hier kann man wandern, baden und wohnen (Seite 76)

**12 Gili Air, Gili Meno, Gili Terawangan**
Kleine Inseln vor Lombok zum Tauchen und Wegtauchen (Seite 76)

*Der »Muttertempel« Besakih*

**13 Kuta**
Die schönsten Strände liegen im Süden Lomboks – weißsandig und ursprünglich (Seite 78)

**14 Sasak-Dörfer**
Im Süden Lomboks liegen traditionelle Sasak-Dörfer mit Lumbung, den typischen Reisspeichern (Seite 79)

**15 Gunung Rinjani**
Das gigantische Vulkanmassiv beherrscht die Insel Lombok. Der Aufstieg zum Gipfel ist kein Spaziergang (Seite 82)

*★ Die Highlights sind in der Karte auf dem hinteren Umschlag eingetragen*

# Entdecken Sie Bali und Lombok!

## Die paradiesischen Inseln im Osten Indonesiens

*Auslegerboote in Sanur auf Bali*

Wer von Europa aus anreist und 15 Flugstunden hinter sich hat, den überrascht zunächst die durchaus erträgliche Variante tropischer Hitze und ein süßlicher Blütenduft – beides wird Sie begleiten, bis Sie Bali wieder verlassen. Die Schönheit der Insel lässt niemanden unberührt. Immer wieder zwar wird Bali nachgesagt, es verlöre seinen faszinierenden Charme, aber ebenso regelmäßig kehren die Besucher zurück, denn unter allen Reisezielen dieser Welt gibt es offenbar nichts Vergleichbares.

Im riesigen Inselreich Indonesien nimmt Bali eine Sonderstellung ein: In der letzten hinduistischen Enklave des islamisch geprägten Archipels scheinen die Bewohner alle Kräfte aufzubieten, um ihre Kultur am Leben zu halten. Auf Schritt und Tritt begegnen Ihnen festlich gekleidete Balinesen, die ihre religiösen Zeremonien selbst im dichten Verkehrsgewühl vollziehen; vor jedem noch so kleinen Haus finden sich Opferschalen mit Reis, Blüten und Räucherstäbchen. Das melodische Kling-Klong der typischen Bambusinstrumente und die Gamelan-Musik scheinen bis in den letzten Winkel der Insel zu dringen.

*Ein schöner Platz für die Götter: der Tanah Lot im Süden der Insel*

Neben seiner kulturellen Eigenart hält Bali auf knapp 5600 km² sämtliche Zutaten für ein landschaftliches Paradies bereit: kilometerlange Strände, Vulkanriesen, Seen, Flüsse, tiefe Schluchten und sanfte Hügellandschaften kontrastieren auf atemberaubende Weise. Balis Reisterrassen zählen zu den schönsten der Welt, und dass die Balinesen ein nicht nur praktisches, sondern durchaus auch künstlerisches Verhältnis zur Natur pflegen, zeigt die reich blühende Vegetation.

Gegliedert wird die Insel durch eine Gebirgskette, die in West-Ost-Richtung verläuft. Im Norden dominieren schroffe, eher karge Landschaften, zerschnitten von Schluchten und Bächen. Direkt von der lavageschwärzten Küste geht es

# Geschichtstabelle

**Um Christi Geburt** Indische und chinesische Kaufleute bringen hinduistische und buddhistische Einflüsse mit

**1019–42** Der balinesische Fürst Erlangga verbindet durch Heirat mit einer javanischen Prinzessin Java und Bali; kulturelle Blüte

**1294–etwa 1520** Reich von Majapahit, zu dem seit 1343 auch Bali gehört, das vorübergehend unabhängig war

**Ab 1520** Zersplitterung des Majapahit-Reiches in Kleinstaaten unter dem Einfluss des Islam. Der Sohn des letzten Majapahit-Königs zieht mit dem Hofstaat nach Bali und gründet die Gelgel-Dynastie

**Ab dem 16. Jh.** Westliche Seefahrer entdecken den Reichtum der südostasiatischen Inselwelt

**1602** Gründung der Holländisch-Ostindischen Gesellschaft auf Java, Beginn der Kolonisierung

**1846** Ausweitung der holländischen Kolonialherrschaft auf Bali

**1906/1908** Puputan (ehrenvoller Freitod im Kampf) balinesischer Fürsten, um der Kolonisation des Südens der Insel zu entgehen

**Seit 1908** Die holländischen Kolonisatoren zwingen den Archipel, zu einer Einheit zusammenzuschmelzen

**1920** Beginn einer nationalistischen Befreiungsbewegung

**1942–45** Vertreibung der Holländer durch die Japaner, die das Land besetzen

**17. August 1945** Indonesische Unabhängigkeitserklärung

**1945–48** Unabhängigkeitskampf gegen die Holländer

**1949** Holland erkennt die Souveränität der Republik Indonesien an

**1955** Erste freie Wahlen finden statt, Präsident Sukarno gewinnt knapp

**1965** Sechs Armeeoffiziere, bekannte Kommunistengegner, werden ermordet. Massaker an rund einer Million Kommunisten

**1966** Sukarno überträgt die Regierungsgewalt an General Suharto

**1998** Schwere Unruhen, Präsident Suharto wird abgesetzt. Wirtschaftskrise

**2002** Bei der Explosion eines Sprengsatzes vor zwei Diskotheken in Kuta kommen 202 Menschen ums Leben

**Oktober 2005** Politisch motivierte Bombenanschläge erschüttern die Insel erneut

hinauf auf 1000, ja bis auf 3000 m hohe Vulkane. Der Gunung Agung, mit 3142 m der höchste Berg Balis, gilt als heiliger Sitz der Götter. Zum Süden hin ist der Übergang vom Hochgebirge zu ausgedehnten weißen Stränden sehr viel sanfter. Die Straßen führen durch liebliche und fruchtbare Landstriche, an jeder Kurve bieten sich grandiose Ausblicke. Auf der Straße spielen Kinder, Männer fachsimpeln über die Qualität ihrer Kampfhähne, Frauen balancieren Lasten auf ihren Köpfen und demonstrieren die sprichwörtliche Grazie der Balinesinnen.

Der Tourismus hat Bali verändert. Aber in Kuta, dem touristischen Zentrum, wo im Oktober 2002 ein Sprengsatz vor zwei Diskotheken explodierte, orientieren die Balinesen ihr Leben stärker als je zuvor an alten Werten. Heutzutage rasen zwar junge Leute, gekleidet in den *sarong*, den bunten, um die Hüfte geschlungenen Rock, auf Motorrädern zu den Zeremonien – doch sie alle sind vertraut mit den überlieferten Ritualen und bringen den Göttern Opfergaben dar. In den großen Hotels können Frühaufsteher beobachten, wie ernst die Balinesen ihre heilige Pflicht nehmen, wenn kunstvoll geflochtene Körbchen mit Opfergaben auf dem Terrain verteilt werden. Die Verbindung von Architektur und Natur vermittelt eine Atmosphäre von Ruhe und Gelassenheit. Das wirkt auch auf die Menschen. Balinesen gehen nicht, sie schreiten – und sie lächeln. Überall auf der Insel kann man erproben, wie sehr ein Lächeln hilft, wenn die Sprache versagt.

*Kampfhähne sind die Leidenschaft vieler Balinesen*

Die ersten Fremden allerdings, die nach Bali kamen, hatten kaum Augen für die kulturellen Eigenarten der Insel: 1596 gingen Holländer an Land. Sie kamen als Gäste und wurden auch als solche empfangen. Genau 250 Jahre später kamen sie zurück, diesmal mit Waffen. Trotz einer verheerenden Niederlage lieferten sich die Balinesen immer wieder grausame Schlachten mit den Kolonialherren. Im Zweiten Weltkrieg wurden die Holländer von den Japanern als Besatzer abgelöst, eine kurze Interimsphase, die 1945 mit der Ausrufung der »Unabhängigen Republik Indonesien« endete. Unter Indonesiens erstem Präsiden-

**»Der höchste Berg Balis gilt als heiliger Sitz der Götter«**

ten Sukarno begann ein kompliziertes Unternehmen: Das Inselreich mit über 300 verschiedenen Kulturen und Sprachen sollte unter einer Flagge zusammengebracht werden. Der Aufbruch und die Suche nach einer neuen Identität endeten zwei Jahrzehnte später. 1965 löste die Ermordung von sechs als Kommunistengegnern bekannten Armeeoffizieren eine Kommunistenverfolgung aus, der fast eine Million Menschen zum Opfer fielen. Sukarno wurde 1966 von Präsident Suharto abgelöst, der in den folgenden Jahrzehnten die Politik einer Javanisierung betrieb. Suharto war 1998 zum Rücktritt gezwungen, nachdem Studentenkundgebungen zur landesweiten Protestwelle gegen den antidemokratischen Regierungsstil angewachsen waren. Der indonesische Archipel erlebte einen aufwühlenden Wechsel von der Diktatur zur Demokratie. Lokale Unruhen und wirtschaftliche Probleme ließen das Land nicht zur Ruhe kommen. Seither bemühten sich verschiedene glücklose Regierungschefs, das größte Land Südostasiens (230 Mio. Einwohner) in die Normalität zu führen. Seit Oktober 2004 regiert Susilo Bambang Yudhoyono als erster direkt gewählter Präsident, er gilt als westlich orientiert.

*» Balinesen gehen nicht, sie schreiten – und sie lächeln «*

Weder die politischen Krisen noch die Zerstörungen des Tsunami vom Dezember 2004, der Küstenregionen Indonesiens beschädigte, sind spurlos an Bali vorübergezogen. Die Insel registrierte einen deutlichen Rückgang des Tourismus.

Lombok, Balis kleine Schwester, machte über weite Strecken eine ähnliche Entwicklung durch und

## Verbundenheit mit dem Dorf

### Balinesen führen ein fest in traditionelle Strukturen eingebundenes Leben

Der Reis regelt auf Bali das soziale Leben, der ständige Kreislauf von Pflanzen, Bewässern und Ernten lässt keine Einzelkämpfer zu. Noch immer herrscht mit Dorfältesten und Gemeinderäten eine Art Urdemokratie. Unentgeltliche Nachbarschaftshilfe *(gotong royong)* wird von allen erwartet und setzt voraus, dass sich der Einzelne stets als Teil der Gemeinschaft empfindet. Obgleich die meisten Balinesen heute weit entfernt vom Dorf in der Tourismusindustrie arbeiten, bleiben sie lebenslang der Gemeinschaft ihres Herkunftsortes verbunden. Hierher kehren sie zurück, wenn es Feste zu feiern gilt, Zeremonien anstehen, eine Familie gegründet wird. Letzteres akzeptieren die Balinesen als heilige Pflicht, denn erst verheiratete Männer werden zu vollwertigen Mitgliedern der Gemeinschaft.

*Traditionell bewirtschaftete Felder im fruchtbaren Süden Lomboks*

kämpft heute mit ähnlichen Problemen. Erst vor rund 20 Jahren entdeckten Touristen die kleine Insel als Alternative zum mittlerweile »überlaufenen« Bali: Man nahm in Kauf, dass Natur und Kultur hier bei weitem nicht so schwelgerisch auftreten, und schätzte die Einsamkeit und das Gefühl, an einem Ort zu sein, wo noch Robinsonaden möglich sind. Die Insel wird beherrscht vom Vulkanmassiv Gunung Rinjani (3726 m), das mehr als die Hälfte der Insel einnimmt. Im Norden, Osten und Westen reichen die Hänge bis fast an die Küste, hier bestimmen Wald und Savanne das Landschaftsbild. Der fruchtbare Süden und Südwesten erinnern noch am ehesten an Bali. Bis in die jüngste Zeit lebten die Menschen auf Lombok relativ isoliert voneinander. Noch heute trifft man ältere von ihnen, die der Begegnung mit Fremden eher hilflos gegenüberstehen. Einsame, weißsandige Strände finden sich noch häufig. Im Nordwesten, an der Küste um Senggigi und auf den vorgelagerten Gilis, den kleinen Inseln mit ihren herrlichen Korallenriffen, ist der Tourismus bereits etabliert. Lohnend ist allerdings auch ein Aufenthalt im schönen Hochland am Fuße des Gunung Rinjani, wo Sie einen Aufstieg auf den Vulkan planen können: eine der größten Attraktionen Lomboks, besonders für alle, die die Wanderung bei Nacht beginnen, um den Sonnenaufgang zu erleben. Den – wie Mahatma Gandhi es ausdrückte – »Morgen der Welt« findet man eben nicht nur auf Bali, sondern auch auf der kleinen Nachbarinsel.

*» Weiße Strände und Inseln mit herrlichen Korallenriffen «*

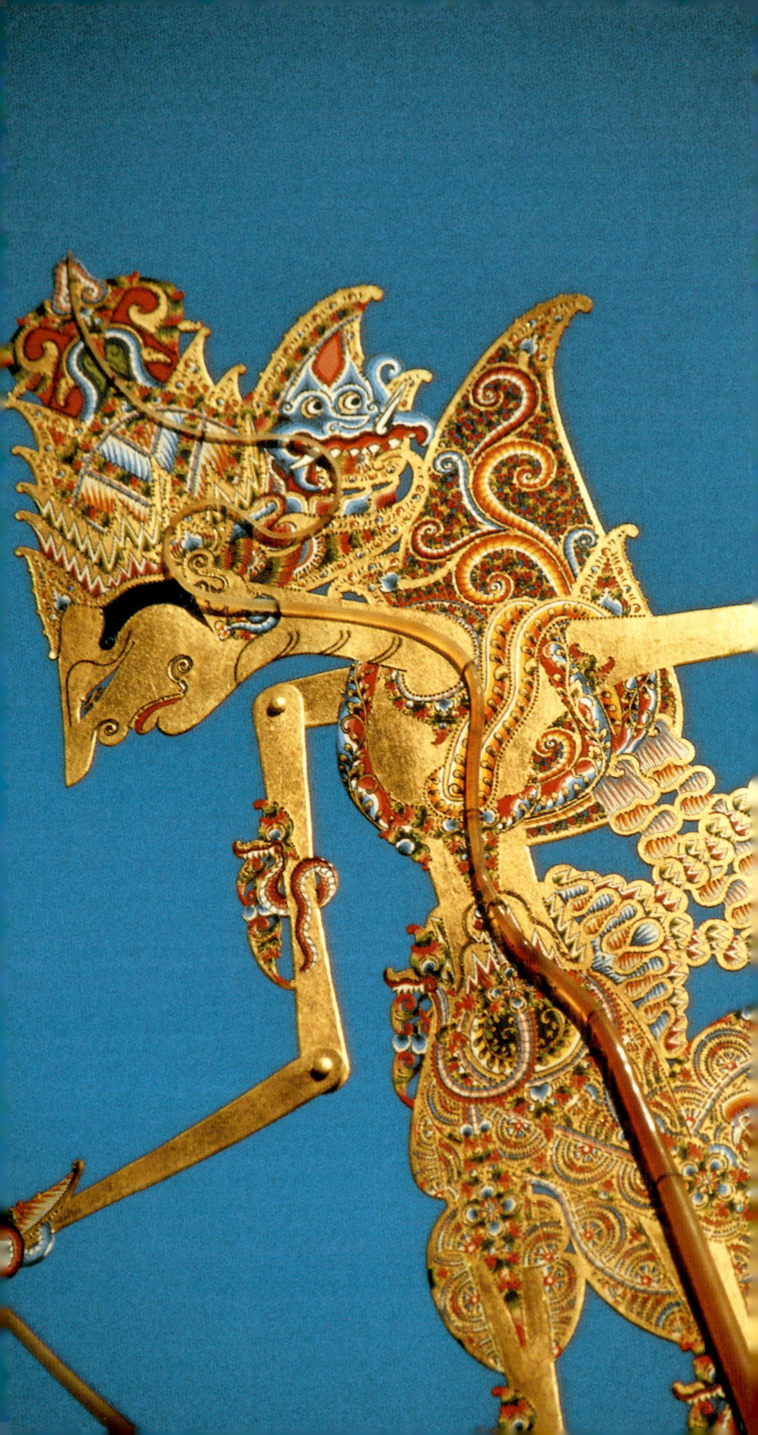

# Animisten, Götter und Hahnenkämpfe

## Ein harmonisches Nebeneinander von Lebensphilosophien

### Animismus

Die Religionen der Indonesier – ob Islam, Hinduismus, Buddhismus oder Christentum – sind geprägt vom Animismus, dem Glauben an eine beseelte Natur, an Dämonen und magische Kräfte. Geisterbeschwörung soll die negativen Kräfte der Natur bannen und die Menschen auf die positiven Kräfte einschwören. Um die Naturgeister bei Laune zu halten, werden ihnen Opfer gebracht. Elemente des Animismus beeinflussten am stärksten den Hinduismus der Balinesen. Ein rein animistischer Glaube ist noch in den Bali-Aga-Dörfern erhalten. Auch der islamische Wetu-Telu-Glaube auf Lombok wurzelt im Animismus.

### Bali-Belli

Wenn auf Bali der Strom ausfällt, sind europäische Mägen gefährdet. Tiefgefrorenes taut auf und verdirbt unbemerkt. Eine böse Magenverstimmung mit starkem Durchfall und heftigen Krämpfen kann die Folge sein. Meiden Sie Restaurants, in denen »Flaute« herrscht, auch hier sind die Speisen schnell verdorben. Gegen Bali-Belli helfen weißer Reis und schwarzer Tee oder Papaya und viel Wasser.

*Wayang-Kulit-Figur für das Handpuppenspiel*

### Desa

Über 90 Prozent der Balinesen leben in dörflichen Gemeinschaften *(desa)*, in denen jeder seinen festen Platz innerhalb der vier Kasten hat. Das Zusammenleben basiert auf dem *adat*, dem alten hinduistischen Gewohnheitsrecht. Die wichtigsten Gebäude der Dörfer symbolisieren anschaulich, was im Leben der Bewohner wesentlich ist: der Tempel, die Versammlungshalle mit Hahnenkampfarena, ein Musikpavillon und der Markt im Zentrum des Dorfes, manchmal auch der Palast *(puri)* eines Fürsten. Entlang der Straße reihen sich die Familiengehöfte, die zum Schutz vor bösen Geistern mit einer hohen Mauer umgeben sind.

### Gamelan

Jedes größere Dorf hat ein Gamelan-Orchester, das aus bis zu 40 Musikern bestehen kann. Gamelan-Musik (*gamel* bedeutet Hammer) ist polyfone, also mehrstimmige Musik, die von einem Ensemble von Schlaginstrumenten gespielt wird. In erster Linie dient Gamelan zur Begleitung von Tänzen. Es gibt auf Bali mehrere Tausend Gamelan-Gruppen, und fast jeder Mann beherrscht das Spiel auf mindestens einem Instrument. Beim Spielen und Zuhören stellen sich nicht selten Trance und Ekstase ein.

**Götter**

Die Balinesen leben nach dem Hindu-Dharma-Glauben und befinden sich deshalb in ständigem Kontakt mit den Göttern. Der Wohnsitz der Götter wird auf den Bergen vermutet. Im Gegensatz dazu steht das Meer, in dem Dämonen lauern. In den Tempeln bringen die Balinesen den Göttern Opfergaben dar. Der Haupttempel der Balinesen, Pura Besakih, liegt auf dem Vulkan Gunung Agung. Er ist Sanghyang Widi, der höchsten Gottheit des Bali-Hinduismus, geweiht. Sie manifestiert sich in drei Hauptgottheiten: Brahma, dem Schöpfer, Vishnu, dem Bewahrer, und Shiva, dem Zerstörer. Daneben gibt es eine Vielzahl von untergeordneten Gottheiten für Berge, Flüsse und Naturphänomene.

**Hahnenkämpfe**

Aufzucht und Pflege von Kampfhähnen gehören zum Alltag balinesischer Männer. Der Hahnenkampf ist noch ein Relikt aus vorhinduistischer Zeit: Die bösen Geister werden mit einem Blutopfer besänftigt.

*Gamelan-Musik soll die Götter unterhalten*

So sieht man überall Männer, die auf dem Boden hocken und liebevoll einen Hahn streicheln und massieren. Sie bereiten die Kämpfer auf den Auftritt in der Arena vor. Der blutige Hahnenkampf ist nur zu bestimmten Tempelfesten erlaubt. Dabei wird gewettet, was eigentlich verboten ist.

### Ikat und Geringsing
Designer aus aller Welt haben sich von der berühmten Webtechnik der Indonesier inspirieren lassen. Kett- und Schussfäden werden vor dem Webvorgang durch Abbinden *(ikat)* verschieden eingefärbt. Geringsing ist ein Doppel-Ikat, der in Tenganan hergestellt wird. Die Tücher werden in einem besonders komplizierten Verfahren gewebt und für bestimmte Riten und Zeremonien benutzt: *Geringsing* bedeutet »Krankheit abwehrend«.

### Kremation
Mit der Verbrennungszeremonie schließt sich der Kreislauf des Lebens für Balinesen, doch diese Zeremonie wird fröhlich gefeiert, da die Seele nun frei wird. Trauer dagegen erschwert der Seele den Abschied. Vorbereitungen wie der Aufbau riesiger Verbrennungstürme und die Herstellung aufwendiger, verschiedenen Tieren nachgebildeter Sarkophage gehen der Verbrennung voran. Am Tag der Zeremonie wird der Leichnam zum Verbrennungsturm außerhalb des Ortes gebracht. Die Höhe des Turmes und der Schmuck lassen Reichtum und Kastenzugehörigkeit des Toten erkennen. In den Sarg legen die Verwandten Opfergaben und Figuren aus chinesischen Münzen, um den Toten für den Weg auszurüsten. Nach Gebeten und Beschwörungen wird der Turm angezündet. Musik und Tänze begleiten die Zeremonie. Die Asche wird eingesammelt und nach einer Prozession ins Meer oder den nächsten Fluss gegeben.

### Kretek
Es duftet nach Räucherwerk, schmeckt nach Lebkuchen, kühlt die Zunge und bringt Linderung bei Halsschmerzen: Raucher sollten sich die Leib-und-Magen-Zigarette der Einheimischen nicht entgehen lassen. Nichtraucher dürfen ruhig einmal schnuppern und werden das Duftgeheimnis vielleicht erraten: Der Glimmstengel besteht zur Hälfte aus Gewürznelken.

### Kris
Der Kris (Dolch) ist traditionell die heilige Waffe der Indonesier und das wichtigste Utensil beim Tanz sowie bei vielen Zeremonien. Er ist nicht nur Verteidigungswaffe, sondern auch Symbol für die Würde eines Mannes. Ein Kris wird vom Vater an den Sohn vererbt. Er gilt als »beseelt«.

### Lontar-Palmenblätter
Aus den Blättern der Lontar-Palme hergestellte Bücher enthalten Texte und Abbildungen aus Mythologie, Religion und Geschichte. Schrift und Bilder werden mit einem Metallgriffel in die Blätter geritzt und mit Rußöl sichtbar gemacht. Die Blätter werden dann zwischen zwei Hölzern gepresst und getrocknet. In Tenganan wird diese Kunst noch gepflegt.

### Magie
Balinesen sprechen nicht oft darüber, aber sie glauben daran: an

## Banyanbaum

### Der heilige Feigenbaum ist unantastbar

Diese Feigenbaumart (Ficus bengalensis) ist für die Balinesen ein heiliger Baum. Denn unter einem solchen Baum soll Siddharta Gautama die Erleuchtung erlangt haben und später als erster Buddha ins Nirwana eingezogen sein. Ein Feigenbaum bildet den Mittelpunkt eines jeden Dorfes, er kann bis zu 30 m hoch werden. Ein Banyanbaum darf nicht gefällt werden.

Hexen und Dämonen. Rangda ist die Oberhexe. Sie kann in die Gestalt eines Menschen oder eines Tieres schlüpfen. Durch schwarze Magie, die Verbindung des Menschen mit dem Bösen, kann ein Mensch verzaubert, krank gemacht oder sein Haus mit einem Fluch belegt werden. Weiße Magie kann den Zauber aufheben. Balinesen sind ständig bemüht um den Ausgleich zwischen Gut und Böse. Auch der schwarz-weiß karierte Stoff an Tempeln und Tänzern soll das Gleichgewicht herstellen.

**Pancasila**

Den fünf Grundprinzipien, denen sich der Staat in der Verfassung von 1945 verpflichtet hat, kommt die Aufgabe zu, die verschiedenen Religionen in Harmonie zusammenzuführen. Im Einzelnen bedeutet Pancasila: Glauben an einen Gott, Einheit aller Nationalitäten, Demokratie, Streben nach Gerechtigkeit und einer sozialen Gesellschaft.

Im Alltag fällt die Umsetzung schwer, wie die Ereignisse der vergangenen Jahre gezeigt haben. Ein lebendiges Beispiel für die »Einheit« liefert täglich das indonesische Fernsehen: Viel Folklore soll die Einheit in der Vielfalt stärken. Religion ist ein Tabuthema, doch das Wichtigste ist, einer Religion anzugehören.

**Pura**

»Insel der 10 000 Tempel« wird Bali genannt. Und das ist sogar noch untertrieben, es sollen 20 000 sein! Es gibt sie einfach überall: in Häusern und Höfen, auf Marktplätzen und Friedhöfen, in Reisfeldern, an Badeplätzen und in Banyanbäumen. An Festtagen sollen die Götter vom Gunung Agung herabsteigen. Die Altäre, Pagoden und Schreine in den Tempeln dienen ihnen als Ehrensitze. Die Götter werden mit Speisen bewirtet, mit Zeremonien geehrt und mit Musik und Tanz unterhalten.

Jedes Dorf hat drei Tempel, die die wesentlichen Stadien des menschlichen Lebens repräsentieren: Der *pura puseh* (Nabeltempel) steht für die Geburt und die zu Göttern gewordenen Ahnen. Er ist Brahma, dem Schöpfer, gewidmet. Der *pura desa* (Dorftempel) ist das Zentrum dörflichen Lebens, er ist Vishnu, dem Symbol für das Leben, geweiht. Der *pura dalem* (Todestempel) ist Shiva, dem Zerstörer, geweiht und wird nur anlässlich von Verbrennungen besucht.

Ein balinesischer Tempel ist ein lichter, freundlicher Ort ohne Dach – das Dach bildet der Himmel. Drei durch Tore verbundene Höfe bilden die Tempelanlage. Die Tore können nach oben hin offen sein (*candi bentar* = gespaltenes Tor) oder geschlossen (*candi kurung* = gedecktes Tor). Meistens beschützt das Candi Kurung den inneren Tempelhof. Die beiden äußeren Höfe dienen als Versammlungshalle und der Vorbereitung für die Opferzeremonien, der dritte Hof ist als Allerheiligstes den Göttern vorbehalten und beherbergt Reliquien. In diesem innersten Hof befinden sich auch die Merus, pagodenartige Schreine für die Gottheiten.

**Reis**

Reis ist das Hauptnahrungsmittel in ganz Indonesien. Ein ausgefeiltes System von Kanälen, Seen und Flüssen zur Bewässerung wird vom *subak*, einer Kooperative, kontrolliert. Manche Felder sind in Terrassen wie Stufen zum Himmel bis auf 1600 m Höhe kunstvoll angelegt. Je nach Sorte reift der Reis drei bis sieben Monate. Reis gilt als Symbol des Lebens. Dewi Sri, die Reisgöttin, ist die meistverehrte Gottheit der Insel und wird deshalb mit zahlreichen Opfergaben bedacht. Der Reisanbau bestimmt den Rhythmus des Dorfes. Die Männer pflanzen den Reis und kultivieren das Feld, die Ernte wird von Frauen und Männern gemeinsam eingebracht.

**Tänze**

Tänze dienen der Volksbelustigung und sind religiöser Ritus. Hindu-Epos, Kriegstanz, Volksoper, Flirt- und Trancetanz, Maskenpantomime – das sind nur einige der vielen Tanzformen. Getanzt wird mit großer Intensität und Konzentration. Die Bewegungen sind immer mit der Erde verbunden, es werden keine Sprünge gemacht. Gestik und Mimik haben bestimmte Bedeutungen, die die Einheimischen mühelos entziffern können.

Der berühmteste Tanz Balis ist der Barong-Tanz, ein Maskentanz, in dem es um den Kampf zwischen Gut und Böse geht. Der Barong ist ein mythisches Fabeltier (weiße Magie), das die Hexe Rangda (schwarze Magie) bekämpft. Traditionell wird der Tanz getanzt, wenn dem Dorf ernste Gefahr durch das Böse droht.

Der Kecak-Tanz ist der so genannte Affentanz, der von 70 bis 100 jungen Männern getanzt wird. Sie sitzen in einem spiralförmigen Kreis um einen Kandelaber, rufen beschwörend »Cak-cak-cak« und bewegen dabei rhythmisch die Arme und den Oberkörper.

Der Baris-Tanz ist ein für die Bergregionen typischer Kriegstanz, der ebenfalls nur von Männern getanzt wird. Heute wird er nur noch innerhalb eines Tempels getanzt, meist bei Totenzeremonien.

**Wayang**

Wayang ist ein Malstil und ein Puppenspiel in verschiedenen Variationen. Die Handstockpuppen heißen *wayang golek*, die weit gebräuchlicheren, aus Leder geschnittenen Schattenspielpuppen *wayang kulit*. Der Puppenspieler, *dalang*, gehört zur geachteten Gruppe der Intellektuellen. Als Historiker, Alleinunterhalter und Kabarettist versteht er es, sein Publikum während der oft acht- bis zehnstündigen Vorführung zu fesseln.

# Reis ist die Hauptsache

**Auf Bali gibt es viele kulinarische Überraschungen – von exotischen Früchten bis zum Esspaket**

Die Masse der Früchte konnte unmöglich einen Käufer finden, sie glich eher der Präsentation einer ständig zeugenden und gebärenden Natur«, so beschreibt Horst Laube in seinem Buch »Zwischen den Flüssen« einen indonesischen Markt. Balis Vegetation ist in der Tat reich: Bananen, Papayas, Ananas, Salak (Schlangenfrüchte), Kokosnüsse und Weintrauben wachsen hier ebenso wie die in Konsistenz und Geschmack der Litschi ähnliche, aber aromatischere Rambutan, und Durian, die wegen ihres fauligen Geruchs eher nicht für westliche Gaumen geeignet ist.

Doch das Wichtigste ist der Reis, der auf Bali mehrmals pro Jahr geerntet wird und den Menschen von Dewi Sri, der hochverehrten Reisgöttin, geschenkt wurde. Ohne Reis wird ein Essen nicht als Mahlzeit gesehen, sondern nur als Snack. Reis und Gemüse werden in einer balinesischen Familie meist am Morgen gekocht und in die Küche gestellt, jeder nimmt sich dann nach Bedarf. Essen ist auf Bali kein gemeinschaftliches Erlebnis, sondern man zieht sich mit seiner Schale Reis und »etwas dazu« zurück und isst allein.

*Auf Bali wächst eine Fülle saftiger, wohlschmeckender Obstsorten*

Ganz anders ist es mit dem Festessen: Man isst zusammen, das Essen wird speziell zubereitet und aufwendig dekoriert. Und nun gibt es auch Fleisch, das sonst kaum gegessen wird: *babi guling* (Spanferkel) und *bebek betutu* (gebratene Ente) sind hier die Favoriten.

Als beliebteste indonesische Gerichte auf den Speisekarten gelten *nasi goreng,* gebratener Reis, *nasi campur,* Reis mit Zutaten, *gado gado,* Salat aus blanchiertem Gemüse mit einer Erdnusssoße sowie *sate,* auf Holzkohle gegrillte Fleischspießchen, die mit Soja- und Erdnusssoße serviert werden. Wichtigste Zutaten sind Kokosnussmilch, Erdnüsse und die Chilipaste *sambal,* die es in unterschiedlichen Mischungen gibt. Dazu werden *krupuk,* Krabbencracker, oder gebratenes *tempeh,* eine Art Sojabohnenkuchen, gereicht.

Das Essen nehmen die Balinesen in mehreren kleinen Mahlzeiten zu sich. Gegessen wird meist mit den Fingern, jedoch niemals mit der linken Hand, denn sie gilt als unrein. Das Essen ist eher kalt bis lauwarm, leider oft auch in den Restaurants.

# Indonesische Spezialitäten

**Lassen Sie sich diese Köstlichkeiten gut schmecken!**

**ayam goreng** – gebratenes Huhn

**babi guling** – am offenen Feuer gegrilltes, mit Chili, Ingwer und Knoblauch gewürztes Spanferkel, ein Festtagsessen

**bebek betutu** – in Bananenblättern geröstete Ente

**buah buahan** – Obstsalat aus Ananas, Mango, Papaya, Banane und Rambutan mit Zitronensaft

**cap cay** – klein geschnittenes, angebratenes Gemüse mit Fleisch

**gado gado** – Salat aus verschiedenen blanchierten Gemüsen, serviert mit Erdnusssoße und Krupuk

**ikan kecap** – klein geschnittenes Fischfilet, zusammen mit Frühlingszwiebeln und Sojasoße im Wok gebraten

**krupuk** – aus Garnelenpaste oder Krabbenteig hergestellte Cracker, die in siedendem Öl frittiert werden

**lawar** – rohes, fein gehacktes Fleisch mit klein geschnittenem Gemüse, Gewürzen und Blut vermischt (nur bei Festen)

**lontong** – Klebreiskuchen, die in Bananenblätter gewickelt sind

**nasi goreng** – vorgekochter Reis, der mit Gemüse, Zwiebeln und Fleisch gebraten wird. Traditionell ein Resteessen, im Restaurant mit Spiegelei serviert

**opor ayam** – gekochtes Huhn in Kokosnussmilchsoße

**pisang goreng** – frittierte Bananen in Ausbackteig

**rempeyek teri** – Kokoskroketten: Erdnüsse, Kokosraspeln, Schalotten und Knoblauch, mit Reismehl und Kokosmilch gebunden und frittiert

**rendang** – Rindfleisch, in Kokosnussmilch geschmort und scharf gewürzt

**rujak manis** – würziger Fruchtsalat mit einer Soße aus Chili und Palmzucker

**sate** – am Holzkohlenfeuer gegrillte kleine Fleischspießchen mit Erdnusssoße

**soto ayam** – Hühnersuppe mit Kokosnussmilch, Zitronengras und Kurkuma

**sup sirip ikan hiu** – Haifischflossensuppe

*Den ganzen Tag über gibt es kleine Leckereien, die überall zu kaufen sind*

Ständig gibt es etwas zu essen: kleine Esspakete, *bungkusan,* meist Reis mit irgendwelchen Zutaten im Bananenblatt eingewickelt. Ob am Strand oder auf einer leeren Dorfstraße in den Bergen – überall treffen Sie auf die *kaki lima,* die Straßenverkäufer, mit ihren zweirädrigen Karren. Sie bieten *sate* an, *bubur ayam* (Reissuppe mit Huhn) oder *mie bakso* (Nudelsuppe mit Fleischklößchen). Als Ausländer sollte man sich allerdings vorsehen, die Hygiene ist nicht einwandfrei. Das gilt auch für die *warung,* die man an jeder Ecke findet: kleine, von Balinesen gern aufgesuchte Essensstände mit ein bis vier Tischchen und sehr billigem, schmackhaftem Essen.

Das *rumah makan* ist ein einfaches Restaurant mit wenigen Gerichten, aber sehr preiswert. Im *restoran,* meist aber »Restaurant«, wird gehobenere Küche serviert. Hier gibt es auch oft neben indonesischen Gerichten europäische und chinesische Küche. Eine Besonderheit sind die Padang-Restaurants, in denen die scharfe Küche Westsumatras auf der Speisekarte steht.

Tee ist neben Wasser das populärste Getränk. Er wird sehr dünn und süß getrunken. Auch Kaffee ist gesüßt, wenn man ihn nicht anders bestellt. Niemals sollte man unabgekochtes Wasser trinken, auch mit Eiswürfeln ist Vorsicht geboten. Mineralwasser bekommt man überall, auch gibt es allerorten Softdrinks. Bei der reichlichen Auswahl an Früchten sind natürlich vor allem frische Fruchtsäfte zu empfehlen. Auf Bali werden sie mit Joghurt gemixt *(lassie).* Eine wohlschmeckende Spezialität ist der Saft junger Kokosnüsse, *kelapa muda.*

*Brem* ist ein auf Bali sehr beliebter Reiswein, *arak* ein Reisschnaps mit hohem Alkoholgehalt, *tuak* ein säuerlicher Palmwein. Die Lokale schenken verschiedene Biersorten aus, ebenso australischen Wein, der aber relativ teuer ist.

# Alles, was das Herz begehrt

**Batikstoffe, Silberschmuck oder Dämonen aus Stein: Bali ist auch eine Einkaufs-Trauminsel**

Nirgendwo sonst auf der Welt ist das Angebot an Kunsthandwerk und Kleidung so vielfältig und preisgünstig wie auf Bali, und kaum jemand tritt die Rückreise an, ohne sich darüber zu ärgern, dass er zu viele Reiseutensilien von zu Hause mitgenommen hat. Der Kauflust werden lediglich durch das limitierte Fluggepäck Grenzen gesetzt. Auf Bali haben sich allerdings einige Unternehmen auf Packing & Shipping spezialisiert, sie arbeiten zuverlässig. Auf diesem Weg können Sie auch Rattan- und Korbmöbel sowie Kopien von Kolonialmöbeln oder andere sperrige Gegenstände transportieren lassen (Minimum ist immer ein Kubikmeter).

Klassische Indonesien-Souvenirs sind die wunderschönen Batikstoffe, deren Preise je nach Materialverbrauch und Arbeitsaufwand zwischen 3 und 200 Euro pro Meter liegen. Die typisch balinesischen Batiken weisen weniger strenge Motive auf, der Stil bewegt sich zwischen Klassik und Popart. Überall erhältlich sind dekorative Batiktischwäsche und Kissenbezüge sowie kunstvoll gefertigte Patchworkdecken. Teurer als Batiken und mittlerweile rar sind die weltberühmten Webstoffe *(ikat)*, die nach einem genauen Plan und mit größter Präzision gearbeitet werden. Wirklich gute Ikats sind erkennbar mit Pflanzenfarben gefärbt.

In vielen Läden finden Sie auch ein reiches Sortiment von Wayang-Puppen, entweder als dreidimensionale Handstabpuppen oder als Schattenfiguren. Sie werden oft als Antiquitäten angepriesen. Wirklich alte Puppen sind an den Benutzerspuren am Handstock zu erkennen, sie sehen im wahrsten Sinne abgegriffen aus. Die Qualität der Schattenspielpuppen richtet sich danach, wie fein die Ornamente aus dem Leder herausgearbeitet sind.

Schmuck steht in allen Variationen und Preisklassen zur Auswahl. Balis Silberschmiede sind große, vielseitige Künstler. Auch die Steinmetzen in Batubulan mit ihren Dämonen- und Götterfiguren sind ein Ziel vieler Touristen. Wer sich für Holzschnitzereien wie Tierfiguren, Masken, Kunstpflanzen und Gebrauchsgegenstände interessiert, kauft am besten in Ubud.

Die meisten Geschäfte haben von 8 bis 20 Uhr, in touristischen Zentren wie Kuta auch bis nachts geöffnet.

*Balis Angebot an Kunsthandwerk ist geradezu unerschöpflich*

# Feste, Events und mehr

## Von Tempelfesten, eleganten Büffeln und dem Nyale-Wurm

### Staatsfeiertage

**1. Jan.:** *Neujahr*
**17. Aug.:** *Unabhängigkeitstag,* überall werden lokale Feste gefeiert
**25. Dez.:** *Weihnachten*

*Opfertürme fürs Galungan-Fest*

### Halboffizielle Feiertage

**21. April:** *Kartini-Tag,* eine Art Frauentag
**1. Okt.:** *Pancasila-Tag* (Pancasila heißen die fünf Grundprinzipien der indonesischen Verfassung aus dem Jahr 1945)
**5. Okt.:** *Tag der Streitkräfte*

### Balinesische Feiertage

Die Tempelfeste der Balinesen und ihre Zeremonien sind farbenfreudige Ereignisse und haben eine große Bedeutung für die gläubigen Hindus. Der balinesische Kalender hat nur 210 Tage.

★ *Galungan und Kuningan* ist das größte Tempelfest; es dauert zehn Tage. Am Galungan-Tag, dem ersten Tag des Festes, sollen die Götter und die Seelen der Ahnen in die Tempel kommen. Jeden Tag werden aufwendige Opfer gebracht. Tänze und Gamelan-Musik dienen der Unterhaltung der Götter.

*Odalan* ist das Jahresfest eines Tempels. Dieses dreitägige Fest ist Hauptereignis der dörflichen Gemeinschaft; es findet meist bei Vollmond statt.

*Nyepi* ist das balinesische Neujahrsfest. Es richtet sich nach dem Mondkalender und wird in einer Neumondnacht im März oder April gefeiert.

### Moslemische Feiertage

Der islamische Kalender richtet sich nach dem Mondjahr. *Bulan Puasa (Ramadan),* der Fastenmonat, beginnt im neunten Monat des islamischen Jahres. Er endet mit dem größten moslemischen Feiertag *Idul Fitri (Lebaran).* Am Vorabend des zweitägigen Festes gibt es Feuerwerke und Fackelzüge. Die moslemischen Feiertage gelten vor allem für Lombok.

## Feste und Veranstaltungen

### Februar/März

*Nyale-Fest (Bau Nyale) auf Lombok:* Fünf bis sieben Tage nach dem zweiten Vollmond des Jahres wird am Strand von Kuta der Nyale-Wurm gefangen. Die Sasaks glauben, dass Anzahl und Größe im Zusammenhang mit einer guten Reisernte stehen. Für unverheiratete Sasaks bietet diese Nacht gute Chancen der Kontaktaufnahme, denn die Eltern lassen ihre Töchter unbeaufsichtigt, und man darf flirten. Die gefangenen Würmer werden später verspeist, da sie als Aphrodisiakum gelten.

### Juni/Juli

★ *Art Festival auf Bali:* Alljährlich werden in Denpasar bei diesem mehrwöchigen Festival die für Bali typischen Tanz- und Theateraufführungen gezeigt. *www.baliartfestival.com*

*Kite-Festival auf Bali:* Am ersten Juliwochenende findet bei Sanur in Padang Galak ein großer Wettbewerb im Drachensteigen statt.

### Juli–Oktober

*Wasserbüffelrennen auf Bali:* Diese Rennen in Perancak werden nach den Reisernten aus rituellen Gründen veranstaltet. Je ein Büffelpaar zieht einen kleinen zweirädrigen Wagen – doch nicht das schnellste Gespann gewinnt, sondern das eleganteste!

### August

*Perisean-Wettkämpfe auf Lombok:* Jedes Jahr um den 17. August finden in Cakranegara die mit rituellen Feierlichkeiten verbundenen traditionellen Wettkämpfe statt. Die Teilnehmer sind mit einem Bambusstock und einem Schild aus Bambus oder Leder ausgerüstet. Ursprünglich waren die Kämpfe dazu gedacht, die jungen Sasak-Krieger zu stärken.

*Tempelzeremonie in Pejeng*

# Urlaubsparadies mit alten Traditionen

**Bali, Traumziel mit tropischem Strandleben, ist vor allem eine Insel der Künste und alter Kultur**

*Selamat datang* – herzlich willkommen! Sie sind auf Bali gelandet. Auf den Bergen wohnen die Götter, im Meer die Dämonen. Dazwischen versuchen die Balinesen, fast überrollt von der Flut der Touristenströme, ihre Tradition zu bewahren. Ferien auf Bali – das ist mehr als nur Sonne, Surfen und ein tropisches Paradies: Das sind vor allem unzählige Entdeckungsfahrten in die alte, vom Hinduismus geprägte Kultur.

Balis Tempel bilden mit ihren Ornamenten und Skulpturen aus grauem Stein, der orangeroten Ziegelmauer und dem heiligen, immergrünen Banyanbaum einen Dreiklang der Farben. Da ist der Besakih, der heiligste Tempel, am Fuße des Gunung Agung. Da ist der Pura Luhur Ulu Watu an der Spitze der Halbinsel Bukit auf einem Felsen über dem Meer. Oder der Tanah Lot, eine Wasserpagode im Meer. Nahezu überall gibt es Tempel: kleine Schreine in Häusern und Höfen, in Höhlen, auf den Reisfeldern, an Badeplätzen, in Dörfern unter Banyanbäumen. In den Tempeln begegnen sich Götter und Menschen.

*Reisterrassen auf Bali – eine jahrhundertealte Kunst und Kultur*

*Über ganz Bali schwebt Blütenduft*

Seit Jahrtausenden haben die Balinesen ihre Kultur in der Kunst zum Ausdruck gebracht: Götter und Dämonen haben sie in der Malerei dargestellt, in Holz geschnitzt, in Stein gemeißelt, für die Götter haben sie getanzt oder gesungen.

Den alles beherrschenden Zusammenhang für das Leben auf Bali liefert der Reis. Er regelt seit Menschengedenken das soziale Leben, die Dorfstruktur und den Ausgleich mit der Natur. Auf sattgrünen Reisterrassen an weich geschwungenen Hängen finden sich Abertausende, exakt in Reihe ausgerichtete Pflanzen und hinterlassen ihr Spiegelbild im Wasser – mittendrin folgen Scharen von Enten einer unsichtbaren Choreografie, vertilgen Ungeziefer und sorgen ganz nebenbei für gute Düngung. Trotz des Massentourismus, der den Reisanbau als wichtigsten wirtschaftlichen Faktor abgelöst hat, arbeitet immer noch der größte Teil der 3,5 Mio. Balinesen in der Landwirtschaft.

Zu dieser noch heilen Welt ist Kuta, der Ausgangsort des Tourismus auf Bali, der Gegenpol. Kuta ist das »Tourismusgeschwür« der Insel. Zwischen Ramschläden und Fastfoodfilialen, Billigabsteigen und Mittelklassehotels, lärmendem Verkehrschaos und malerischen Sonnenuntergängen am überfüllten Strand blühen hier Kriminalität und Prostitution. Um den Tourismus nicht zu stark in die Lebensstrukturen der Balinesen eindringen zu lassen, entschloss man sich, ein isoliertes Touristenzentrum zu schaffen: Auf der Halbinsel Bukit Badung wurde Brachland in Gärten verwandelt, fernab von den Dörfern entstand die Luxushotelstadt Nusa Dua in traditioneller balinesischer Bauweise mit eigener Infrastruktur.

## AMED

**[119 D3]** Der Nordosten Balis entwickelt sich zunehmend zum attraktiven Ziel für alle, die der Hektik von Kuta entfliehen wollen und vor allem Ruhe und Entspannung suchen. Amed liegt an den Ausläufern des Gunung Agung und des kleineren Gunung Seraya. Die einstmals trockenste und ärmste Region der Insel, deren Vegetation immer noch von Kakteen und gelbem Gras bestimmt wird, wurde in den vergangenen Jahren zu einem Garten Eden. Die Küstenstraße von Amed führt in dramatischen Windungen an Steilküsten und kleinen Buchten entlang. Amed ist der nördlichste Ort einer Reihe kleiner Fischerdörfer wie Bunutan, Lipah und Selang mit herrlichen Buchten, in denen romantische Hotels und Losmen, kleine Pensionen, in wunderschöne Gärten eingebettet liegen. Hier sind die schönsten Sonnenaufgänge zu beobachten. Hunderte von kleinen Fischerbooten, die in den frühen Morgenstunden die Küste ansegeln, vervollkommnen die Szenerie. Wer hier Ferien macht, kommt vor allem zum Tauchen und Schnorcheln in den noch intakten Korallenriffen.

### ESSEN & TRINKEN

Alle Unterkünfte in und um Amed haben auch ein kleines Restaurant.

**Deddy's Warung**
Schönes, preiswertes Restaurant. *Amed, Tel. 081/64 73 57 16,* €

**Komang John**
Offenes Restaurant an der Steilküste mit prächtiger Aussicht und bester indonesischer Küche. Unterhalb der Blue Moon Villas in Selang gelegen. *Tel. 081/23 62 25 97,* €€

### EINKAUFEN

**Kristal Mountain**
Perlen und Steine, ungewöhnlicher Schmuck. Man kann auch nach Fotovorlage bestellen. *Bunutan*

### ÜBERNACHTEN

**Blue Moon Villas**
Fünf großzügige Villen am Steilhang von Selang. Herrlicher Ausblick auf das Meer von allen Zimmern, Restaurant und Pool. *8 Zi., Tel. 0812/362 25 97, Fax 0363/235 20, www.bluemoonvilla.com,* €€

**Dancing Dragon Cottages**
Die Bungalows in der schönen, kleinen Bucht von Lipah sind nach Fengshui-Prinzipien angelegt und strahlen eine angenehme Atmosphäre aus. Pool und Terrassenrestaurant. *20 Bungalows, Tel./Fax 0363/235 21, www.dancingdragoncottages.com,* €€

**Galang Kangin**
Sieben einfache Bungalows am Strand von Jemeluk mit kleinem Caférestaurant. *Tel./Fax 0363/234 80,* €

Insider Tipp **Indra Udhyana**
Großzügige Anlage mit 35 zweistöckigen Bungalows in Bunutan. Wunderschöne Panoramablicke von den Zimmern, Pool und direkter Zugang zum kleinen Strand. *Tel. 0363/223 48, Fax 223 49, www.indo.com/hotels/indra-udhyana,* €€

**Santai**
Acht offene Bungalows im Sulawesi-Stil gruppieren sich um einen Pool. Sehr schöner tropischer Garten und Spa-Service (unbedingt vor der Anreise reservieren). *Bunutan, Tel. 0363/234 87, Fax 235 85, www.santaibali.com,* €€–€€€

## FREIZEIT & SPORT

Die ganze Küste ab Amed Richtung Süden eignet sich ausgezeichnet zum Tauchen und Schnorcheln. 3 km nördlich von Amed liegt der *Jemeluk Sea Garden,* ein wunderschönes Tauchrevier. Zwei Tauchschulen bieten Touren und Kurse an, sowohl zur *Gili Selang* als auch

## MARCO POLO Highlights »Bali«

★ **Batur-See**
Großartige Vulkanlandschaft (Seite 30)

★ **Pura Luhur Ulu Watu**
Fast 1000 Jahre alter Tempel am Meer (Seite 32)

★ **Besakih**
Wichtigster Wallfahrtsort der Hindus auf Bali (Seite 37)

★ **Tenganan**
Lebendige Traditionen im Dorf der Bali Aga (Seite 38)

★ **Kerta Gosa**
Beeindruckende Deckenfresken in der Gerichtshalle aus dem 18. Jh. (Seite 41)

★ **Nusa Lembongan**
Traumziel für Surfer und Schnorchler (Seite 42)

★ **Buyan-See und Tamblingan-See**
Idyllische Spaziergänge und schöne Ausblicke (Seite 53)

★ **Pulau Menjangan**
Das größte Tauchrevier Balis (Seite 55)

★ **Taman Nasional Bali Barat**
Ein Refugium für bedrohte Tiere (Seite 56)

★ **Museum Neka**
Kunst auf Bali von Balinesen und Europäern (Seite 63)

zu dem *Schiffswrack bei Tulamben,* das 40 m vor der Küste liegt und ein Magnet für Fische ist: *Eco-Dive (Tel./Fax 0363/234 82, www.ecodivebali.com)* und *Tauch Terminal (Tel. 0361/77 45 04, Fax 77 84 73, www.tauch-terminal.com).*

Die Strände in den Buchten sind grausandig, doch dafür hat man sie fast für sich allein.

## ZIELE IN DER UMGEBUNG

**Amlapura** **[119 D5]**

Die Hauptstadt (20 000 Ew.) des Bezirks Karangasem liegt etwa 25 km von Amed entfernt. Bis 1963 – als sie nach dem Ausbruch des Vulkans Gunung Agung teilweise zerstört war – trug die Stadt den Namen Karangasem. Einst war hier der Sitz des im 18. und 19. Jh. machtvollsten Fürstentums Balis. Die Hauptattraktion in Amlapura sind die verschiedenen Paläste *(puri),* in denen immer noch Mitglieder der Fürstenfamilie leben, deren Vorfahren sich bis ins 14. Jh. zurückverfolgen lassen. Lediglich der *Puri Agung Kangin,* an der Hauptstraße zum Markt gelegen, ist zu besichtigen. Hier werden auch Gästezimmer vermietet. Es gibt etliche Pavillons *(bale)* und von Teichen umgebene Räume; am interessantesten ist der *Bale London* mit seinen eleganten englischen Möbeln.

**Batur-See** **[118 A2–3]**

★ Auf dem Weg zum Batur-See (rund 25 km von Amed entfernt, Anfahrt über die nördliche Küstenstraße) passieren Sie *Penulisan* **[117 F3]** mit dem *Pura Tegeh Koripan,* dem höchstgelegenen Tempelbau Balis. Eine riesige Treppe windet sich über die elf Terrassen des Tempelkomplexes aus dem 11. Jh. (gute Kondition ist nötig, will man bis nach oben!).

Kurz hinter Kintamani liegt das Dorf *Batur* mit dem *Pura Ulun Danu Batur,* einem imposanten Komplex von neun Tempeln. 1917 und 1926 zerstörten heftige Ausbrüche des *Gunung Batur* (1717 m) Dorf und Tempel, sodass ein höher gele-

*Der bis zu 90 m tiefe Batur-See liegt in einem großen Vulkankrater*

gener Ort für den Wiederaufbau gewählt wurde. Bevor Sie die Straße zum See hinunterfahren, halten Sie in Penelokan, was »Aussichtspunkt« bedeutet. Das Restaurant *Lakeview* bietet Gelegenheit zur Rast. Von hier haben Sie einen Blick auf den großen Krater des Batur. Ein Drittel des Kraters nimmt der halbmondförmige Batur-See ein. Von Penelokan aus kann man in einer etwa vierstündigen Wanderung den oberhalb des Sees gelegenen *Gunung Abang* (2153 m) besteigen.

Vom Ort *Kedisan* aus gibt es lohnende Rundtouren auf dem See mit Motorbooten. Am Ostufer liegt *Trunyan,* das neben Tenganan zweite Bali-Aga-Dorf der Insel. Die Einwohner begraben ihre Toten nicht, sondern bahren sie auf und überlassen sie der Verwesung. Die Totenstätten kann man besichtigen. Es empfiehlt sich, für den Besuch von Trunyan einen Führer zu nehmen.

Von *Toya Bungkah* aus können Sie den Gunung Batur besteigen (niemals ohne Führer!). Hier befinden sich auch einfache Unterkünfte, sodass Sie die Wanderung frühmorgens beginnen können. Bei Toya Bungkah sprudeln wohltuende heiße Schwefelquellen.

### Tirtagangga [118 C4]

Tirtagangga, »heiliges Wasser vom Ganges«, wurde 1947 als Wasserpalast mit mehreren Bassins inmitten von Reisfeldern und Hügeln gebaut. Heute ist der rund 15 km von Amed entfernte Ort leider weitgehend zerstört. Nun ist er ein öffentlicher Badeplatz mit kleinen Restaurants und einigen Unterkünften. Von hier aus ist auch ein Aufstieg auf den Gunung Agung möglich. Fragen Sie nach Führern!

## BUKIT BADUNG

[120–121 C–D 5–6] Über eine kleine Landbrücke erreichen Sie die Halbinsel Bukit, die aus einem nicht vulkanischen Korallen-Kalksteinplateau besteht, das bis zu 200 m aus dem Meer ragt. Fahren Sie auf der Straße, die sich steil die hügelige Landschaft emporzieht, in Richtung Süden, haben Sie hinter sich wunderbare Panoramablicke über ganz Bali.

In der Trockenzeit von April bis Oktober wirkt die Natur mit den Kakteen und dem trockenen Gras eher mediterran als tropisch, denn die Niederschläge versickern sofort in dem porösen Karstboden. Deswegen gibt es hier auch umso weniger Dörfer, je weiter man nach Süden kommt. Bananenbäume, Palmen und Reis wachsen auf Bukit zwar nicht, dafür aber viele verschiedene Laubbäume. In der Regenzeit ändert sich das Bild, dann sprießen Cashewnüsse, Sojabohnen und Mais.

### ZIELE AUF BUKIT BADUNG

### Jimbaran [120 C5]

An der schmalen Landbrücke, die Bali mit der Halbinsel Bukit verbindet, liegt in einer Bucht, die sich zum Flughafen Ngurah Rai hin öffnet, der kleine Fischerort Jimbaran mit seinem weißen, sauberen Strand. Jahrelang war der Ort vom Tourismus nicht berührt. Erst in der jüngeren Vergangenheit sind einige Hotels entstanden, die den ursprünglichen Fischerort bisher noch nicht zerstört haben. Nach wie vor fahren die zahlreichen Fischer mit ihren kleinen Auslegerbooten aufs

Meer hinaus und verkaufen morgens ihren stolzen Fang.

**Nusa Dua** **[121 D6]**
Eine Art »gelenkter Tourismus« findet sich mitten im Ödland, wo früher Riesenschildkröten ihre Eier im Sand vergruben und eine riesige Kokosnussplantage lag. Hier hat die indonesische Regierung mit Unterstützung der Weltbank das Touristenzentrum Nusa Dua geschaffen. Ein reich verziertes gespaltenes Tor *(candi bentar)*, sonst in Bali Eingang zu einem Tempel, trennt das parkähnliche Touristenghetto von der balinesischen Außenwelt. Vor dem Tor drängen sich Händler und Geldwechsler, Schnellrestaurants, Supermärkte und Einkaufszentren. Dahinter beginnt die perfekt gepflegte Enklave: Wächter in Uniform mit Walkie-Talkies herrschen hier.

Ordentlich aneinandergereiht befinden sich in Nusa Dua die größten Hotels von Bali mit eleganten Auffahrten, Lobbys und Pools. Internationale Hotelkonzerne errichteten die Bettenburgen, die fast die zulässige Bauhöhe (bis an die Palmenwipfel) überschreiten. Zwischen Gegrilltem vom Büfett und dem Swimmingpool findet »Kultur« statt: Das Gamelan-Orchester begleitet eine gekürzte Variation von rituellen Tänzen.

Wer sicheren Badeurlaub machen möchte und auf Komfort westlichen Standards nicht verzichten will, ist in Nusa Dua richtig. Ein Riff vor dem weißen Sandstrand bremst die Brandung, sodass auch das Meer hier ungefährlich ist.

**Pura Luhur Ulu Watu** **[120 B6]**
★ Der fast 1000 Jahre alte Felsentempel, der im 16. Jh. umgebaut und seither einige Male renoviert wurde, liegt an der Südwestspitze der Halbinsel 100 m über

*Korallen-Kalksteinbrocken am Strand der Halbinsel Bukit Badung*

dem Meer, etwa 20 km von Jimbaran und Nusa Dua entfernt. Das Tempelgelände darf nicht mehr betreten werden, aber ein schöner Weg führt auf der Klippe entlang. Von hier aus hat man einen ausgezeichneten Blick und kann den Sonnenuntergang beobachten. Der Tempel ist einer der sechs Haupttempel Balis, geweiht ist er der Göttin Dewi Danu, der Herrscherin über Meer und Seen, und bewohnt wird er von einer Affenfamilie.

In der Umgebung des Tempels liegen die besten Surfstrände Balis (nur für sehr geübte Surfer zu empfehlen!).

**Tanjung Benoa** **[121 D5]**
Die kleine Landzunge mit Hotels und Restaurants ist heute mit dem Nusa-Dua-Komplex zusammengewachsen. Tanjung Benoa war der Handelshafen von Badung (Denpasar), bevor die Holländer bei Sanur den Hafen Benoa künstlich anlegten. Der chinesische Tempel an der äußersten Spitze der Landzunge zeugt von der jahrhundertelangen Besiedlung Tanjung Benoas durch Handel treibende Chinesen.

Von Tanjung Benoa können Sie sich zur Pulau Serangan übersetzen lassen. Die kleine, palmenbewachsene Insel eignet sich gut zum Baden.

## ESSEN & TRINKEN

In Nusa Dua befinden sich Restaurants in den Hotels. In der ganzen Bucht von Jimbaran steht ein Fisch-Warung neben dem anderen. Beliebt sowohl bei Touristen als auch bei Balinesen ist der gegrillte Fisch, der jeweils nach Gewicht bezahlt wird. Insider Tipp

**Bumbu Bali**
Am Strand von Tanjung Benoa kann man original balinesische Küche vom Feinsten genießen: Ente im Bananenblatt, Sate und Seafood. Alles zu zivilen Preisen, wenn man nicht gerade Hummer bestellt. Außerdem werden Kochkurse angeboten! *Jl. Pratama, Tanjung Benoa, Tel. 0361/77 45 02, www.balifoods.com,* €€

**PJ's**
Am Strand von Jimbaran liegt dieses Restaurant, das zum Four Seasons Resort gehört. Hier wird die beste Holzofenpizza auf der ganzen Insel gebacken. Aber das ist es nicht allein: Ob morgens zum Frühstück oder abends zum Dinner – es ist einfach ein schöner Platz. *Jimbaran Bai, Tel. 0361/70 10 10,* €€€

**The Terrace** Insider Tipp
Dieses Restaurant mit Thai-Küche und indonesischen Spezialitäten im Amanusa-Hotel hält einen weiten Ausblick über den Golfplatz, die Bukit-Halbinsel und den Indischen Ozean bereit. Wenn Sie nicht hier wohnen, sollten Sie wenigstens einmal abends auf einen Sundowner vorbeischauen. *Amanusa, Nusa Dua, Tel. 0361/77 23 33,* €€€

## EINKAUFEN

Jedes der Hotels verfügt über eigene Souvenirläden. Wenn Sie den Park von Nusa Dua durch das gespaltene Tor verlassen, treffen Sie auf zahlreiche Händler mit ihren kleinen Shops. Hier können Sie billiger einkaufen als in den Hotelshops.

## ÜBERNACHTEN

Die großen Nusa-Dua-Hotels werden nicht einzeln beschrieben: Sie sind mit ihren 300 bis 750 Zimmern eine »Stadt in der Stadt« mit Geschäften, Restaurants, Bars und Schönheitssalons. Sie liegen am Strand, besitzen große Pools und verfügen über zahlreiche Sportangebote. Vom Hilton über das Sheraton bis zum Club Mediterranée – alle sind hier vertreten *(www.bali nusaduaresort.com)*. Einige preiswerte Unterkünfte gibt es in Tanjung Benoa.

**Bali Cliff Resort**

Die exzessive Verwendung von Marmor, ein atemberaubender Blick vom Pool auf den Indischen Ozean und ein gläserner Fahrstuhl zum Strand machen dieses Hotel an der Südspitze der Halbinsel Bukit zum Lieblingshotel der reichen Indonesier und Chinesen aus aller Welt. Es eignet sich auch gut für Familien mit Kindern. *200 Zi., Pura Batu Pageh, Ungasan, Tel. 0361/77 19 92, Fax 77 19 93, www.indo.com/hotels/bali_cliff,* €€€

**Bualu Village**

Das einfachste der Nusa-Dua-Hotels liegt nicht direkt am Strand. Für Kinder gibt es ein Freizeitprogramm. Außerdem sind Reitpferde vorhanden, auch für Nichthotelgäste. *50 Zi., Tel. 0361/77 13 10, Fax 77 13 13, www.balinusaduaresort.com,* €€

**Keraton Bali Cottage**

Am Strand der Jimbaran-Bucht die erschwinglichste Unterkunft, obwohl immer noch zu teuer für das, was geboten wird. Die Zimmer sind im balinesischen Stil eingerichtet, der Garten mit Pool ist schön. *99 Zi., Jl. Mrajapati, Jimbaran, Tel. 0361/70 19 61, Fax 70 19 91, www.keratonjimbaranresort.com,* €€€

**Nelayan Homestay** Insider Tipp

Schöne, preiswerte Unterkunft direkt am Strand der Jimbaran-Bucht. Kleine, saubere Zimmer und Bungalows sowie ein Café mit Meerblick. *27 Zi., Jl. Pantai Jimbaran 3, Tel. 0361/70 22 53,* €

**Pura Indraprastha**

An der Straße zum Ulu-Watu-Tempel liegt diese Pension, die vor allem von Surfern frequentiert wird. *12 Zi., kein Tel.,* €

## FREIZEIT & SPORT

Der exklusive *Bali Golf and Country Club (Nusa Dua, Tel. 0361/77 17 91, Fax 77 17 97)* liegt mit seiner weitläufigen 18-Loch-Anlage zwischen dem Meer und dem Amanusa-Hotel.

Fast alle Hotels haben außer einem Pool auch einen Tennisplatz. Außerdem werden Wasserski und Parasailing angeboten sowie Tauch- und Schnorchelausrüstungen verliehen. Wer das alles außerhalb der Hotelanlagen genießen will, fährt bis zum Freizeitpark *Beluga Tour Complex* an der äußersten Spitze von Tanjung Benoa. Im Zentrum liegt ein künstlich angelegter See mit Strand – hier kann man Wasserski fahren, tauchen, Katamarane leihen und sogar an U-Boot-Fahrten teilnehmen. An der West- und Südküste der Bukit-Halbinsel finden sich gute Surfreviere an den Stränden von *Suluban, Padang-Padang, Nyang-Nyang* und *Gunung Pagung.*

## CANDI DASA

[118 C5] Fern von der Turbulenz des Südens ist Balis Osten etwas für Baliophile – alles ist hier ruhiger und nicht so touristisch. Auf der Fahrt von Denpasar nach Candi Dasa ist ab Klungkung eine deutlich schwächere Besiedlung zu erkennen. Der Weg führt an grasbewachsenen Hügeln vorbei, auf denen vereinzelt Palmen stehen. Candi Dasa gehört zum Regierungsbezirk Karangasem. Dieser östlichste Bezirk Balis wird beherrscht vom Vulkan Gunung Agung und seinen Ausläufern.

Von Manggis über Sengkidu bis Candi Dasa finden sich über eine Strecke von etwa 7 km entlang der Amuk-Bucht preiswerte kleine Losmen. Kurz nach der Abzweigung nach Tenganan beginnt das eigentliche Candi Dasa. Es ist kein gewachsener Ort, sondern eine Ansammlung von kleinen Losmen, Shops und Restaurants, die in den 1990er-Jahren entstanden sind. Ursprünglich gab es hier nur zwei kleine Tempel, die über die von Palmen gesäumte Lagune hinweg zum Meer ausgerichtet sind. Der Strand ist durch den Korallenabbau vor der Küste immer schmaler geworden. Um die Brandung zu stoppen, wurden Ende der 1980er-Jahre Betonmolen ins Meer gebaut.

Das Badevergnügen direkt in Candi Dasa ist stark eingeschränkt. In den kleinen Buchten vor und hinter dem Hauptort aber kann man noch gut schwimmen, am besten in der kleinen Bucht bei Manggis, in der das Alila-Hotel liegt. Die Sonnenuntergänge sind in dieser Bucht besonders beeindruckend: Hinter den grünen Hügeln, die die Bucht nach Westen begrenzen, verfärbt sich der Himmel in violettrosa und leuchtend orangefarbenen Tönen. Für Ausflüge in die Umgebung

*Candi Dasa steht bei Balischwärmern hoch im Kurs*

Ostbalis ist dieser Küstenstreifen ein guter Ausgangspunkt.

## ESSEN & TRINKEN

Die Restaurants, die im Folgenden ohne Ortsangabe genannt werden, befinden sich direkt in Candi Dasa.

**Alila-Restaurant**
Das beste Restaurant der Ostküste, am Meer im großen Palmengarten. Die Karte ist klein, aber exquisit, manchmal gibt es auch balinesische Spezialitäten. Am Wochenende reservieren! *Im Hotel Alila, Manggis, Tel. 0363/410 11, €€€*

**Café Wayan**
Einfache, gute balinesische Küche. Sonntags Tanzvorführungen mit Livemusik. *Tel. 0363/411 38, €*

**Kubu Bali**
Man sitzt balinesisch und isst chinesisch, indonesisch oder europäisch. Die besten Fischgerichte am Ort. *Tel. 0363/415 32, €€*

**Lotus Sea View**
Die Atmosphäre ist intim, der Blick spektakulär. Hier können Sie die schönsten Sonnenuntergänge der Ostküste genießen. *Tel. 0363/412 57, €*

**Warung Astawa**
Nahe der Lagune gelegen, besonders gute Seafoodgerichte. Jeden Abend balinesische Tanzvorführungen. *Tel. 0363/413 63, €€*

## ÜBERNACHTEN

Insider Tipp **Alila**
1995 eröffnetes Dreisternehotel mit dem Flair eines Luxushotels. Die Lage inmitten einer alten Palmenplantage, die schnörkellos elegante Architektur, das Restaurant und der diskrete Service machen das Hotel zum Geheimtipp. Bei Buchung im Internet etwa 30 Prozent günstiger. *56 Zi., Buitan Manggis, Tel. 0363/410 11, Fax 410 15, www.alilahotels.com, €€€*

**Amarta Beach Inn**
Kleine Anlage mit zehn Bungalows, alle mit Meerblick. *Tel. 0363/412 30, Sengkidu, €*

**Candi Dasa Beach Bungalows**
Schöne, kleine Hotelanlage mit Swimmingpool, direkt am Meer gelegen, mit Restaurant. *37 Zi., Tel. 0363/415 36, Fax 415 37, candidasabeach@indo.com, €€*

**Kubu Bali Bungalows**
Hinter dem gleichnamigen Restaurant liegen an einem Hügel mehrere Bungalows im balinesischen Stil, jeder mit einer Terrasse. Die Anlage ist weitläufig und hat einen Pool. Von den oberen Bungalows können Sie einen wunderbaren Blick aufs Meer genießen. *30 Bungalows, Tel. 0363/415 32, 412 56, Fax 415 31, www.kububali.com, €€*

**Nirwana Cottages**
Durch einen Bananenwald führt der Weg zu den 20 Bungalows, die relativ großzügig angeordnet in einem tropischen Garten liegen. Von Pool und Restaurant sieht man das Meer. *Sengkidu, Tel. 0363/411 36, Fax 415 43, www.nirwanacottages.com, €*

**Pondok Pisang**
Sehr versteckt in einem Bananenwald liegen die sechs zweistöckigen

Bungalows mit direktem Meerblick. Yoga- und Meditationskurse. *Sengkidu, Tel. 0363/410 65, www.pondokpisang.com, €*

**Taman Air – The Watergarden**
Schöne Bungalows zwischen Lotosteichen und einem tropischen Garten, mit Salzwasserpool. Sehr ruhig, nicht am Meer gelegen – aber man hört es rauschen. *20 Bungalows, Tel. 0363/415 40, Fax 411 64, www.watergardenhotel.com, €€*

## FREIZEIT & SPORT

In den meisten Hotels können Sie eine Tauch- und Schnorchelausrüstung ausleihen. Zum Tauchen und Schnorcheln fahren überall an der Küste kleine Auslegerboote zum Korallenriff oder zur Insel Nusa Lembongan. Tauchtouren bietet *No Problem (Tel. 0363/411 10, 411 55)* an.

Im Kubu Bali und im The Watergarden kann man günstig Mountainbikes ausleihen.

Im *Spa-Salon (Tel. 0363/410 42)* an der Hauptstraße in Candi Dasa kann man endlich auch im Osten der Insel Massagen bekommen, ohne im Sand zu liegen, außerdem Kosmetikanwendungen.

## AUSKUNFT

**Tourist Office**
Ausflugstouren und Fahrten zum Flughafen. *Mitten im Ort (bei No Problem)*

## ZIELE IN DER UMGEBUNG

**Besakih** [118 B4]
★ Der größte, heilige Tempel Balis liegt am Fuße des Gunung Agung auf etwa 1000 m Höhe, rund 40 km von Candi Dasa entfernt. Bereits im frühen 11. Jh. war er eine Kultstätte der Animisten. Der »Muttertempel«, wie er von den Balinesen genannt wird, ist heute die wichtigste Wallfahrtsstätte der balinesischen Hindus. Die Tempelanlage erstreckt sich über mehrere Terrassen und besteht aus drei Haupthöfen, die durch Treppen miteinander verbunden sind. Alljährlich findet zwei Wochen nach Nyepi eine große Feier statt. Die Fahrt zum Besakih führt durch die schönsten Reisterrassen Balis.

*Der »Muttertempel« Besakih, die wichtigste und meistbesuchte Wallfahrtsstätte auf Bali*

**Gunung Agung** [118 B–C 3–4]
Mit 3142 m ist der »Heilige Berg«, der Sitz der Götter, auch der höchste Vulkan Balis. Bei seinem letzten Ausbruch im Jahr 1963 wurden große Teile Ostbalis zerstört. Man kann den Berg von den Dörfern *Sebudi* oder *Besakih* in einem steilen Aufstieg in etwa sechs Stunden begehen. Eine längere Tour beginnt in *Tirtagangga.*

**Tenganan** [118 C5]
★ Die Ureinwohner Balis aus prähistorischer Zeit leben hier, die Bali Aga. Das 5 km von Candi Dasa entfernt gelegene Dorf wirkt wie aus einer anderen Zeit: Zwei gestampfte Lehmwege sind gesäumt von Gehöften hinter Mauern, in der Mitte befinden sich offene *bale* (Pavillons). Das Dorfleben ist fast unbeeinflusst von der modernen Welt, lediglich die Verkaufsstände weisen auf eine touristische Anpassung hin. Die etwa 300 Bewohner Tenganans stellen Doppel-Ikats her, flechten Körbe und beherrschen vorzüglich das Kopieren altbalinesischer Texte auf Lontar-Palmblättern. Die Bali Aga pflegen ihr Kunsthandwerk, ihre Riten und Zeremonien. Ihre Tradition bewahren sich die Bali Aga durch strikte Regeln, die den Zuzug Fremder ausschließen. Die weiten Reisfelder werden von Balinesen aus den Nachbardörfern bestellt. Mit etwa 10 km$^2$ Land ist Tenganan eine der reichen Kommunen auf Bali. Sie ist öffentliches Eigentum, da es keinen privaten Landbesitz gibt. Am Eingang des Dorfes entrichtet man eine Spende.

**Wasserpalast von Ujung** [119 D5]
1921 ließ der letzte Rajah von Karangasem ein Wasserschloss am Meer errichten. 1963 wurde es durch Vulkanausbruch und Erdbe-

*Traditionelle Bauten im Bali-Aga-Dorf Tenganan nördlich von Candi Dasa*

ben zerstört. Nach der Jahrtausendwende wurde der Wasserpalast renoviert, leider hat er aber dadurch an Charme und Ausstrahlung verloren. Der rund 20 km von Candi Dasa entfernt gelegene Ort eignet sich für einen Spaziergang.

## DENPASAR

**[121 D4]** Denpasar ist die turbulente, übervölkerte Hauptstadt (400 000 Ew.) und das Handelszentrum der Insel. Hier scheint sich auch der gesamte Verkehr Balis zu sammeln. In Denpasar treffen balinesische Kultur und westliche Zivilisation hart aufeinander. Die Stadt ist als Badung in die balinesische Geschichte eingegangen, hier fand 1906 der große Puputan (Freitod im Kampf) statt. Nach Badung kamen einst Chinesen und Araber, um Handel zu treiben. Heute leben in Balis Metropole auch viele Javaner, die hoffen, sich ein Stück vom Tourismuskuchen abschneiden zu können. Ihren Namen Denpasar (Neuer Markt) erhielt die Stadt erst nach der Unabhängigkeit, als sie Hauptstadt wurde und damit Singaraja ablöste. Seither ist Denpasar aus vielen Dörfern zusammengewachsen. Immer noch existieren aber dörfliche Strukturen und Reisfelder neben modernen Supermärkten und Verwaltungsgebäuden. Denpasar ist Heimstatt der Künste: Neue Tänze und Musik werden hier entwickelt und unterrichtet.

### SEHENSWERTES

#### Art Center

Alljährlich findet hier im Sommer das *Art Festival* (meist von Mitte Juni bis Mitte Juli) statt, auf dem die verschiedenen Kunstformen Balis vertreten sind. Das Art Center ist eine schöne Anlage: Die Ausstellungsräume, Werkstätten und eine Bühne liegen inmitten eines Parks mit Teichen. In einem Raum ist das Werk des deutschen Malers Walter Spies dokumentiert. Täglich um 18 Uhr wird der Kecak-Tanz, wie Spies ihn für den Film »Bali – Insel der Dämonen« entwickelt hat, gezeigt. *Tgl. 8–15 Uhr, während des Festivals länger, Jl. Nusa Indah*

#### Puputan-Platz

Das Denkmal des Gottes Bhatara Guru, des Wächters der vier Himmelsrichtungen, erinnert an den Puputan der Fürstenhöfe von Badung und Tabanan 1906 im Kampf gegen die Holländer. Hier treffen sich auch die beiden Hauptstraßen Denpasars, die Jl. Surapati und die Jl. Udayana. Östlich davon liegt Denpasars chinesisches Viertel zwischen Jl. Gajah Mada, Jl. Thamrin und Jl. Hassanudin.

#### Pura Jagatnatha

Während des Puputans wurde 1906 dieser Tempel zerstört, aber im Jahr darauf wieder aufgebaut. Er ist dem höchsten Gott, Sanghyang Widi, geweiht und gilt als eines der bedeutendsten Heiligtümer Balis. Die modernen, intellektuellen Hindus treffen sich hier in Vollmondnächten zu religiösen Lesungen. *Jl. Surapati*

#### Puri Pemecutan

Der Palast ist eine Rekonstruktion des im Jahr 1906 zerstörten Gebäudes. Ein Teil ist als Hotel eingerichtet, einen anderen Teil bewohnt die Familie des letzten Raja von Badung. Im Hotel ist das alte Gamelan-Orchester des Palastes zu hören. Hier finden auch Tanzveranstaltungen statt.

**St.-Joseph-Kirche**
In dieser katholischen Kirche mischen sich christliche mit balinesischen Stilelementen: Die Engel tragen Sarongs. *Gottesdienste So 7, 8.30 und 17.30 Uhr, Jl. Kepundung 2*

## MUSEUM

**Bali Museum**
1932 wurde das Völker- und Naturkundemuseum eröffnet, das einen ausgezeichneten Überblick über balinesische Kunst und Architektur von der Frühzeit bis zur Gegenwart vermittelt. Mittlerweile besteht das Nationalmuseum aus vier Gebäuden. *Di–Do und Sa/So 8–15, Fr 8 bis 11 Uhr, Jl. Wisnu*

## ESSEN & TRINKEN

**Bundo Kanduang**
Hier wird gute Padang-Küche serviert. Die abwechslungsreichen, schmackhaften Gerichte stammen aus Sumatra und sind wegen ihrer besonders scharfen Gewürze bekannt. *Jl. Diponegoro 112 A, Tel. 0361/22 85 51,* €

Insider Tipp **Kak Man**
Die original balinesische Küche ist inzwischen eine wahre Seltenheit auf Bali! *Jl. Teuku Umar 135, Tel. 0361/22 71 88,* €€

## EINKAUFEN

Auf dem *Pasar Badung (Jl. Gajah Mada)*, dem größten Markt Balis, werden jeden Morgen ab 5 Uhr an Hunderten von Verkaufsständen Blumen, Obst, Fische und Gewürze feilgeboten.

In der *Jl. Gajah Mada* und der *Jl. Veteran* befinden sich zahlreiche Antiquitäten- und Kunstgewerbeläden, die einen Besuch lohnen. Auch Stoffe können Sie hier günstig erwerben.

## ÜBERNACHTEN

**Natour's Bali**
Das älteste Art-déco-Hotel der Insel, 1930 von den Holländern gebaut. Das Haus beherbergte in den 1930er-Jahren zahlreiche Künstlerberühmtheiten. Mit Restaurant und Pool. *71 Zi., Jl. Veteran 3, Tel. 0361/22 56 81, Fax 23 53 47,* €€

**Puri Pemecutan**
Angenehmes Hotel mit gepflegter Atmosphäre im Palast des Raja. *27 Zi., Jl. Thamrin 2, Tel. 0361/22 34 91,* €€

## AUSKUNFT

**Badung Government Tourism Office**
*Jl. Surapati 7, Tel. 0361/23 45 69, Fax 22 36 02*

**Bali Government Tourism Office Niti Mandala**
*Civic Centre, Jl. S. Parman, Tel. 0361/22 23 87, 22 63 13*

# KLUNGKUNG

**[118 A6]** Mitten in Klungkung (20 000 Ew.) weist die Kerta Gosa, die Gerichtshalle, auf die historische Bedeutung dieses Ortes hin. Für

*In der Kerta Gosa in Klungkung wurde einst höchstes Recht gesprochen*

mehrere Jahrhunderte war Klungkung Sitz des Obersten Gerichtshofes von Bali.

Ende des 15. Jhs., als das große javanische Majapahit-Reich von den Moslems erobert wurde, verbrannte sich der Fürst Widjaya, um diese Schmach nicht erdulden zu müssen. Sein Sohn floh mit einem Teil des Hofstaates nach Bali und ließ sich 5 km südlich von Klungkung in Gelgel nieder. Er ernannte sich selbst zum König von Bali und gab sich den Titel Dewa Agung. Die Gelgel-Dynastie blieb jahrhundertelang sehr bedeutend, auch als sie 1710 ihren Sitz nach Klungkung verlegte. Fast 200 Jahre residierte hier der ranghöchste Raja, bis die Holländer 1908 das aufständische Fürstentum als letztes balinesisches Raja-Reich eroberten und die Fürstenfamilie den Freitod im Kampf suchte.

Heute ist Klungkung ein lebhafter Marktflecken am Fuße des Gunung Agung.

## SEHENSWERTES

### Puputan-Denkmal

Gegenüber der Kerta Gosa erhebt sich das riesige Monument, das an den Puputan der Fürstenfamilie im Jahr 1908 erinnert, den rituellen Selbstmord im Kampf gegen die Unterwerfung durch die holländischen Kolonisatoren.

### Taman Gili

Im »Garten mit Inselchen«, dieser parkähnlichen Anlage, befindet sich die ★ *Kerta Gosa,* die Gerichtshalle. Bis 1908, als holländische Kanonen ihn zerstörten, lag hier der Palast, Puri Semara Pura. Lediglich das Tor sowie die beiden Pavillons der Kerta Gosa und der *Bale Kembang* – im 18. Jh. erbaut – sind noch übrig geblieben. Auf einem Steinpodest steht der eine offene Pavillon der Kerta Gosa. Beeindruckend sind die Deckenfresken im Wayang-Stil. Im unteren Teil sind die Strafen der Hölle zu sehen, im oberen die himmlischen Freuden. Hier wurde von Brahmanen-Priestern über Fälle geurteilt, die nicht innerhalb der Banjar-Versammlungen in den Dörfern geregelt werden konnten. Der Bale Kembang, ein schwimmender Pavillon mitten in einem Lotosteich, war als Refugium erbaut worden. Auch er hat wundervolle Wayang-Deckenmalereien. *Tgl. 9–17 Uhr*

## EINKAUFEN

Wer sich für Antiquitäten interessiert, findet entlang der Hauptstraße viele kleine Läden. Südlich davon findet morgens ein turbulenter Markt statt.

## ÜBERNACHTEN

**Ramayana Palace**
Einfaches, kleines Hotel an der Hauptstraße. *5 Zi., Jl. Diponegoro 152, Tel. 0366/210 44,* €

## ZIELE IN DER UMGEBUNG

**Kamasan** [118 A6]
In dem 2 km von Klungkung entfernt gelegenen Malerdorf wird die traditionelle Wayang-Malerei noch beherrscht und auch zum Kauf angeboten.

**Nusa Lembongan und Nusa Penida** [119 D–F 1–2]
Vor Balis Südostküste liegen diese Inseln. Ähnlich wie auf der Halbinsel Bukit ist die Vegetation auf den zwei Kalksteininseln karg, es wachsen lediglich Mais und Gemüse.

*Nusa Penida* ist eine ehemalige Sträflingsinsel für die in Klungkung Verurteilten. *Toya Pakeh* (schöner Strand) und *Sampalan* sind die Hauptorte der Insel. Die Bewohner sind überwiegend Moslems. Die Balinesen halten sich von der Insel fern, denn sie vermuten auf ihr den Riesen Jero Gede Mecaling, der Unglück über Bali bringt. Das einzig Sehenswerte ist die unterirdische, riesige Höhle *Goa Karangsari,* die unter einem Berg liegt.

★ *Nusa Lembongan* ist die kleinere der beiden Inseln, sie eignet sich wunderbar für einen Tauch- oder Surfaufenthalt und für alle, die fernab vom Touristenrummel an weißen Stränden allein sein wollen. In *Lembongan* und *Jungutbatu* gibt es Losmen. Ein feines, kleines Hotel mit Pool ist das *Waka Nusa Resort (20 Zi., Tel. 0361/72 36 29, 72 36 59, Fax 72 20 77, www.wakaexperience.com,* €€€*).*

Von *Kusamba,* 8 km östlich von Klungkung, fahren frühmorgens Fischerboote auf die Nusa Penida. Je nach Wetter dauert die Überfahrt zwei bis vier Stunden. Schneller sind die Speedboote, die von Padang Bai in 40 Minuten übersetzen. Von der Nusa Penida kann man sich dann zur Nusa Lembongan bringen lassen. Mit Fischerbooten kommt man von Sanur aus direkt auf die Nusa Lembongan.

# KUTA, LEGIAN, SEMINYAK, TUBAN

**Karte in der hinteren Umschlagklappe**

[120 C4–5] Kuta hat immer noch den schönsten Strand Balis, der sich in einer sanften Kurve vom Flughafen und Tuban Richtung Nordwesten über Legian und Seminyak zieht und von dort bis zum Tanah Lot. Die Brandung ist aufregend bis gefährlich, der Sonnenuntergang spektakulär. Zwischen eingeölten Touristen bieten Balinesinnen Massagen an, javanische Händler versuchen, gefälschte Rolex- oder Cartier-Uhren zu verkaufen. Überfüllt ist der Strand nur im Süden, Richtung Seminyak wird er leerer. Kuta wächst nach Norden hin immer weiter zu. Ein gutes Beispiel dafür ist die Jl. Camplung Tanduk: Vor mehreren Jahren war sie noch eine stille Dorfstraße in Seminyak, auf der man zwischen Reisfeldern zu seinem Strandlosmen ging. Inzwischen säumen nicht nur rechts und links Restaurants, Losmen und Shops die Straße, auch das Zentrum des nächtlichen Vergnügens hat sich mit einer großen Zahl von Diskos und Bars hierher verlagert.

Aus einem kleinen Fischerdorf, das im Schatten des mächtigen Fürstenhofes von Badung lag, wurde über Nacht ein Touristenmekka. In den 1930er-Jahren war Kuta ein verträumter Ort, Treffpunkt von reichen Weltenbummlern, die in das kleine Kuta Beach Hotel kamen. Im Krieg wurde es von den Japanern zerstört. Bis in die 1960er-Jahre gab es keinen Tourismus auf Bali, dann entdeckten Rucksacktouristen und australische Surfer Kuta. Innerhalb weniger Jahre entstanden an dem leeren Küstenstreifen kleine Pensionen (Homestays und Losmen), Restaurants und Läden. Es hatte sich schnell herumgesprochen, dass es in Asien diese wunderbare tropische Insel gibt, auf der man für nur wenig Geld unter (fast) ewiger Sonne leben konnte.

Inzwischen ist aus Kuta der Rummelplatz Balis geworden: eine Ansammlung von kleinen Shops, Schnellrestaurants und Spielhöllen, Bars und Diskotheken, Losmen und großen Hotels. Gamelan-Orchester versuchen, sich am Abend gegen die Rockmusik durchzusetzen. Doch nicht nur Touristen übervölkern diesen Ort, auch Javaner sind von der Nachbarinsel gekommen, um hier schnelle Rupiahs zu machen. Der Verkehr quält sich durch die engen Gassen. Nach dem Bombenanschlag am 12. Oktober 2002, als moslemische Extremisten vor zwei Diskotheken einen Sprengsatz zündeten, ist in Kuta nichts mehr, wie es einmal war. Der leere Platz, den die Bomben verursacht haben, wurde nicht wieder bebaut, vieles verkommt, und die Stimmung ist gedrückt. Neu ist, dass ganze Busladungen indonesischer Touristen nun nach Kuta kommen.

## ESSEN & TRINKEN

Von Kuta bis Seminyak gibt es eine riesengroße Auswahl an Restaurants, von Sushi über deutsche Hausmannskost bis zu neapolitanischen Spezialitäten ist fast alles vorhanden.

**Cafè Moka** [U B3]

Nach dem Einkaufsrausch in Legian ein idealer Stopp: Französisches Gebäck und italienische Pasta. *Jl. Raya Legian, Tel. 0361/ 73 14 24,* €€

**Gado-Gado** [U A2]

Das Strandrestaurant in Seminyak mit dem schönen Blick hat sich zu einem Fine-Dining-Place mit internationaler Küche entwickelt. *Jl. Camplung Tanduk 99, Tel. 0361/ 73 69 66,* €€€

**Ketupat** [U B4]
Gute indonesische Küche im Hinterhof. Mitten im Gewühl und doch ganz ruhig sitzt man im Garten neben einem Pool hinter der Jonathan Gallery. *Jl. Legian 109, Legian, Tel. 0361/75 42 09, €€*

Insider Tipp **Ku dé Ta** [U A2]
Strandlage in Seminyak mit australischer Fusion-Küche und Barbetrieb. Cool und chic das Publikum und das Ambiente. *Jl. Oberoi 9, Tel. 0361/73 69 69, €€*

Insider Tipp **Lemon Grass** [U A2]
Schlichtes, aber geschmackvolles Ambiente, gute Thai-Küche – und das alles zu sehr günstigen Preisen. *Jl. Raya Seminyak 37, Seminyak, Tel. 0361/73 61 49, €€*

Insider Tipp **La Lucciola** [O]
In einem großen balinesischen Pavillon speist man auf zwei Etagen direkt am Meer. Besonders spektakulär in der Sonnenuntergangsstimmung, aber auch für ein ruhiges Frühstück ist hier ein guter Platz. Für den Abend sollten Sie unbedingt einen Tisch bestellen. Es wird hervorragende italienische Küche serviert. *Jl. Kayu Aya neben dem Petitenget-Tempel* [U A2], *Seminyak, Tel. 0361/26 10 47, €€€*

**Mades Warung I und II**
Eines der ältesten Restaurants in Kuta hat Zuwachs bekommen: An der Speisekarte hat sich nichts geändert – die Auswahl ist nach wie vor exzellent –, aber Mades Warung II ist eleganter und ruhiger. Viele der in Kuta lebenden Ausländer treffen sich hier. *Mades Warung I: BR Pande Mas, Tel. 0361/75 52 97* [U B5], *Mades Warung II: Jl. Raya Seminyak, Tel. 0361/73 21 30* [U B3], *€€*

**Norm's Sports Bar** [U B4]
Bar und Restaurant. Wenn Sie Lust dazu haben, können Sie im hinteren Teil des Lokals, abgeteilt von einem Netz, Volleyball oder Basketball spielen. *Jl. Legian 747, Tel. 0361/75 19 21, €*

**Oberoi-Restaurant** [U A2]
Ob Büfett oder à la carte – die Küche des französischen Küchenchefs ist ausgezeichnet, vor allem die asiatischen Spezialitäten. Dazu tagsüber der phantastische Blick aufs Meer und abends hervorragende Tanzvorführungen. *Jl. Kayu Aya, Seminyak, Tel. 0361/73 03 61, €€€*

**Poppies** [U B4]
Ein tropischer Garten mitten im Kuta-Chaos mit europäischer Küche. Plätze vorbestellen! *Poppies Lane, Kuta, Tel. 0361/75 10 59, €€–€€€*

**Puri Bali Indah** [U B4]
Hier bekommen Sie sehr gute und noch dazu preiswerte chinesische Küche. *Jl. Melasti, kein Tel., €*

**Ryoshi** [U B2]
Sushibar mit Frischfisch, aber auch anderen Speisen. *Jl. Raya Seminyak 17, Tel. 0361/73 11 52, €€*

Insider Tipp **Sate Bali** [U A2]
Die original balinesische Küche wird hier aufs Feinste zubereitet. *Jl. Laksmana 22 A, Tel. 0361/73 67 34, €€*

Insider Tipp **Warisan** [U A2]
Offenes Restaurant mit französischer Mittelmeerküche in einer

*Auf Bali werden auch zahlreiche schöne Möbelstücke gefertigt*

Galerie. Besonders bei Sonnenuntergang empfehlenswert – dann haben Sie einen weiten Blick (selten in Kuta-Seminyak!) über die Reisfelder nach Westen. *Jl. Kerobokan, Tel. 0361/73 11 75,* €€€

## EINKAUFEN

Kuta ist ein Ort für Kaufsüchtige. Der Einfallsreichtum, die handwerkliche Geschicklichkeit und die Kopierbegeisterung der Balinesen füllen die Läden mit immer neuen Kreationen aus Holz, Silber oder Stoff. Ebenso wie die großen Hotels gehören inzwischen viele der Shops nicht mehr Balinesen, sondern jungen Designern aus Europa, Japan und Amerika, die hier arbeiten lassen. Das hat sich natürlich auch auf das Preisniveau ausgewirkt.

Zwischen Kuta und Seminyak reiht sich ein Laden an den anderen. Dabei gibt es oft keine Nummerierung der Häuser, und wenn doch, dann ist sie völlig undurchsichtig und unlogisch. Die interessanteren Shops befinden sich Richtung Seminyak in der *Jl. Raya Seminyak*. Das große Einkaufszentrum *Plaza Bali* sollten Sie meiden, denn alle Waren sind hier, ebenso wie in den Hotelshops, wesentlich teurer als in den anderen Geschäften.

Vor allem in Legian gibt es viele Schneiderwerkstätten: Bringen Sie ihr Lieblingsstück von zu Hause oder Bilder von Kleidern mit, und lassen Sie sich die Teile nachschneidern. Das gelingt meistens perfekt! Insider Tipp

**Apo Kayan** **[U B2]**

Alte und neue Möbel aus eigener Werkstatt in großer Auswahl. *Jl. Raya Seminyak 16*

**Batik Keris** **[U B3]**

Sehr gutes Kunsthandwerk, Batikkleidung zu Festpreisen. Gut, um einen Überblick zu bekommen. *Jl. Raya Legian 133*

**Galeri Ikat**
Schöne Stoffe, Decken, Kissen, Schuhe und auch Kleider. *Jl. Raya Kuta 707* **[U B4]**, *Jl. Raya Legian 200* **[U B4]**, *Jl. Raya Seminyak* **[U B2]**

**Kerta Book Shop**
Zeitschriften, Zeitungen, auch internationale Literatur und Secondhandbücher. *Jl. Pantai, Kuta* **[U B5]** und *Jl. Legian, Kuta* **[U B4]**

**Kuta Kids** **[U B5]**
Buntes aus Baumwolle für Kinder. *Jl. Pantai Kuta, Ecke Jl. Legian*

**Milo's** **[U B5]**
Originelle Designerkleidung für Sie und Ihn, gute Auswahl. *Kuta Square, Block E 1*

**Omega** **[U B4]**
Kunst und Kunstgewerbliches vom ganzen indonesischen Archipel. *Jl. Legian 204*

**Star Surf** **[U B3]**
Angesagte Mode für Strand und Surfen, beeinflusst von den Trends aus den USA. *Jl. Legian*

*Für den Kauf eines neuen Hutes gibt es immer gute Gründe*

**Toko Mata Tiga** **[U B3]**
Kunst, Antiquitäten, traditioneller Schmuck aus ganz Asien und Wayang-Puppen sind in diesem Geschäft zu finden. *Jl. Raya Seminyak*

**Warisan Gallerie** **[120 C4]** Insider Tipp
Auf zwei Etagen werden edle Möbel, Stoffe, Puppen und exquisiter Schmuck präsentiert. *Kerobokan, Jl. Raya Kerobokan 38*

**Yusufs Silver** **[U B4–5]**
Große Auswahl an Silberschmuck. Ausgezeichnete Handarbeit zu Festpreisen. *Jl. Legian 182, www.yusufsilver.com*

## ÜBERNACHTEN

Vom Luxushotel bis zum Losmen: Kuta hat es. Reichlich vertreten sind vor allem Losmen. Ihre Zimmer sind einfach und sauber, Frühstück inklusive. In den teuren Hotels wird das Frühstück extra berechnet, und das nicht zu knapp.

Außer den Losmen, den kleinen Hotels und den Luxushotels – wie dem Bali Oberoi, das an diesem Küstenstreifen das unübertroffen schönste Hotel ist – gibt es viele Mittelklassehotels. Sie sind zwei- oder dreistöckig gebaut mit kleinen Balkons oder Terrassen vor den Zimmern. Kleinere Hotels und auch Losmen haben meist mehr persönlichen Charme. Große Hotels der teureren Kategorie sind in den letzten Jahren zwischen Flughafen und Kuta im Ortsteil Tuban entstanden.

**Bunga Seminyak** **[U A2]**
Um einen kleinen Pool gruppieren sich in einem tropischen Garten direkt am Strand einige Bungalows, die sehr liebevoll eingerichtet sind.

## Spa

### Das Wellnessprogramm auf Bali garantiert tiefe Entspannung

Zur Massage am Strand von Kuta, einer Mischung aus Sand und Öl, mal besser, mal schlechter, gibt es eine Alternative: In gepflegter Atmosphäre kann man sich – sofern man es bezahlen kann – massieren lassen. Aber nicht nur um einfache Massage geht es: Die alte javanische Methode des Lulur, eines Bodypeelings, wird angewendet. Anschließend kann man ein Bad in duftenden Blüten nehmen. Zur Unterstützung gibt es verschiedene *jamu,* Kräutertees. Oder man lässt sich ein Cremebad machen, eine Haarpackung mit Schulter-Kopf-Massage. Viele erstklassige Hotels bieten diesen Service an.

*Jl. Camplung Tanduk, Seminyak, Tel. 0361/73 02 39, Fax 73 09 05, balidami@hotmail.com,* €€

**Fat Yogi** **[U B4]**
Kleine Pension mit Swimmingpool, mitten im Kuta-Chaos. *30 Zi., Poppies Lane, Tel. 0361/75 16 65, fat yogi@indo.com,* €

**Hard Rock Beach Club** **[U B5]**
Ableger des Originals in Las Vegas. Großer Komplex, direkt am Strand mitten in Kuta. Zimmer mit TV, Internetanschluss und CD-Player. Gigantischer Pool. *418 Zi., Jl. Pantai Kuta, Tel. 0361/76 18 69, Fax 76 18 68, www.hardrockhotels.net,* €€€

**Holiday Inn Bali Hai** **[U A5–6]**
Große Hotelanlage zwischen Flughafen und Kuta im Ortsteil Tuban. Gut geeignet für Urlaub mit Kindern, da es nicht weit zum Waterbom-Park ist. *190 Zi., Jl. Wana Segara 33, Tel. 0361/75 30 35, Fax 75 25 27, www.holiday-inn.com,* €€€

**Legian Beach** **[U B3]**
Direkte Strandlage, tolle Poolanlage und Park. Koch-und Tanzkurse. *200 Zi., Jl. Melasti, Legian, Tel. 0361/75 17 11, Fax 75 26 51, www.legianbeachbali.com,* €€

**Made Beach Inn** **[U A3]**
Ein Surfertreff, denn hier kann man preisgünstig wohnen. Nicht weit vom Kuta Palace Hotel gelegen. *10 Zi., kein Tel., Jl. Pura Bagus Teruna,* €

**Mesari Inn** **[U A2]**
Klein, ruhig, billig und direkte Strandlage – deswegen empfiehlt es sich, rechtzeitig vorzubuchen. Hier sind Reitpferde zu mieten. *10 Bungalows, Jl. Camplung Tanduk, Tel./Fax 0361/73 04 01,* €

**Mimpi** **[U B4]** Insider Tipp
Kleine Anlage, darunter zwei sehr schöne doppelstöckige Bungalows mit großer Terrasse. Pool und sehr freundlicher Service. *Poppies Lane, Tel. 0361/75 18 48, Fax 75 90 00, kumimpi@yahoo.com.sg,* €

**Oberoi** **[U A2]**
Sehr luxuriös, direkt am Strand, mit einem großen Pool. Bei Internetbuchung auch günstiger zu bekommen. *60 Zi. und 15 Villen, Seminyak, Jl. Laksmana, Tel. 0361/73 03 61, Fax 73 07 91, www.oberoibali.com,* €€€

**Poppies Cottages I** **[U B4]**
Kleine Bungalows im tropischen Garten mit Pool, allerdings nicht direkt am Strand. Trotzdem ist die Anlage sehr beliebt, weswegen Sie rechtzeitig buchen sollten. *25 Zi., Poppies Lane, Tel. 0361/75 10 59, Fax 75 23 64, www.poppiesbali.com,* €€

**Santika Beach** **[U A5]**
Gut geeignet für Urlaub mit Kindern, drei Pools im Garten direkt am Strand und nicht weit vom Waterbom-Park gelegen. Mit Spielplatz. *161 Zi., Jl. Kartika, Tuban, Tel. 0361/75 12 67, Fax 75 12 60, www.santikabali.com,* €€€

**Three Brothers**
Zwei »Three Brothers« gibt es: Die erste, ältere Anlage in Legian ist bohemeartig, sehr sauber mit offenen Bungalows, nicht direkt am Strand. In der Jl. Melasti gibt es gut ausgestattete Bungalows für langfristige Mieter (500 US-$ pro Monat). *Je 60 Zi., I: Jl. Padma Utara, Legian* **[U B3]**, *II: Jl. Melasti* **[U B4]**, *Reservierung für beide: Tel. 0361/75 15 66, Fax 75 60 82,* €

## FREIZEIT & SPORT

Zum Tauchen ist Kuta nicht geeignet, aber es ist ein Tummelplatz für Surfer. Surfbretter kann man überall ausleihen. Die großen Hotels haben meist einen Tennisplatz und ein Fitnesscenter.

**Bungeejumping**
An einem Gummiseil aus 44 m Höhe hinabfallen mit Blick aufs Meer! *Jl. Double Six, Legian, Tel. 0361/73 06 66* **[U B4]**

*Der Strand von Kuta, der schönste auf Bali, ist zum Surfen ideal*

## Kuta-Cowboys

### Worauf allein reisende Frauen sich gefasst machen müssen

Eine Traube von Gigolos schwärmt abends aus, auf der Suche nach Kontakt zu allein reisenden Frauen. Für junge Männer aus ganz Indonesien ist Kuta ein Stück Westen in den Tropen. Sie hoffen dabei nicht nur auf ein schnelles Abenteuer, sondern auch auf finanzielle Unterstützung, wenn auch nur für ein paar Wochen.

**Tauchausflüge**
Wer von Kuta aus einen Tauchausflug machen will, geht zu *Maoka Divers, Jl. Kuta Permai II, 4, Kuta, Tel. 0361/76 43 36* **[U B5]**.

**Wellness & Spa**
Wer Sand mit Öl gemischt am Strand satt hat, lässt sich im *Bodyworks* gut und teuer massieren. Auch Haarpflege und Kosmetik werden angeboten. Vorher anmelden! *Tgl. 9–17 Uhr, Bodyworks I: Jl. Raya Seminyak 63, Tel. 0361/73 04 54* **[U B3]**, *Bodyworks II: Petitenget, Jl. Kayu Jati 2, Tel. 0361/73 33 17* **[U A1]**

Insider Tipp

Die Wohltaten der indonesischen Massagekunst können Sie im *Traditional Beauty Salon* auf vielerlei Art genießen: vom Cremebad fürs Haar mit Kopfmassage bis zum Lulur. Die Massagen sind teurer als am Strand, aber unvergleichlich. *Tgl. 8–20 Uhr, Jl. Padma Utara, Legian, Tel. 0361/75 03 45* **[U B4]**

## AM ABEND

Seit 2002 hat sich Kutas Szene verändert. Die meisten Clubs und Diskos befinden sich in der *Jl. Camplung Tanduk.*

**Cineplex 21** **[U B4]**
Großer Kinokomplex mit Einkaufszentrum, Spielcenter und Fastfood-Restaurants. *Jl. Legian, Kuta*

**De ja vu** **[U A3]** Insider Tipp
Im postmodernen Szenetreff am Strand wird der Sonnenuntergang begossen. Surfer und Biker sind hier Stammgäste. *Tgl. bis 2 Uhr, Jl. Arjuna, Legian*

**Hard Rock Cafe** **[U B4]**
Auf zwei Etagen Junkfood und ab 23.15 Uhr Livemusik. *Tgl. 11–2 Uhr, am Wochenende bis 3 Uhr, Jl. Pantai Kuta, Tel. 0361/75 56 61*

**The Jaya Club** **[U B2]**
Hier treffen sich alle Altersgruppen bei guter Musik von Livebands. *Tgl. ab 22 Uhr, Jl. Raya Seminyak*

**Kamasutra** **[U B4]**
Stylish wie ein Nightclub in Jakarta. Internationale Bands und DJs. *Tgl. ab 21 Uhr, Jl. Pantai Kuta*

**66** **[U A3]**
Die Strandisko ist eine Institution auf Bali. Für Hungrige gibt's Pizza, getanzt wird täglich bis 4 Uhr. *Jl. Arjuna, Legian*

*Wie überall auf Bali flitzen auch in Negara junge Leute auf Mopeds umher*

## AUSKUNFT

**Bali Tourist Information** **[U B3]**
*Century Plaza, Jl. Benesari 7, Legian, Tel. 0361/75 40 90*

## ZIELE IN DER UMGEBUNG

**Krambitan** **[120 B2]**
30 km von Kuta entfernt liegt dieses Dorf mit zwei weitläufigen königlichen Palastanlagen aus dem 17. Jh., *Puri Anyar* und *Puri Gede*. In beiden Palästen kann man Tanzvorführungen mit balinesischem Büfett bestellen *(nur für Gruppen, Tel. 0361/81 26 68)*. Im Puri Anyar können Sie in königlicher Atmosphäre auch übernachten *(€)*.

**Mengwi** **[120 C2]**
Insider Tipp
Der *Pura Taman Ayu* in Mengwi (ca. 30 km von Kuta entfernt) ist der zweitgrößte Tempel auf Bali. Die Anlage wurde idyllisch in einem Lotossee errichtet, sie stammt aus dem 17. Jh. 1937 wurde der Tempel restauriert und erweitert. Sie können ein Boot leihen, um die Anlage auf dem Wasser zu umrunden. Der Tempel ist sehr großzügig gebaut und besteht aus drei Höfen. Vom nahe gelegenen *Restaurant Water Garden* haben Sie einen schönen Blick auf den Tempel.

**Negara** **[114 C5]**
Im Westen, dem wenig touristischen Teil Balis, liegt die Hauptstadt (25 000 Ew.) des Bezirks Jembrana. Jembrana ist der am wenigsten besiedelte Teil Balis. Das Baden hier an der Küste ist zu gefährlich, weshalb sich keine touristische Infrastruktur bildet. Doch einmal im Jahr gibt es in Negara eine Attraktion: die Wasserbüffelrennen, die stets nach den Reisernten veranstaltet werden. Das kleine, zentral gelegene *Hotel Ana (Jl.*

*Ngurah Rai, Tel. 0365/410 63, €)* hält einfachen Komfort bereit. Über die einzelnen Veranstaltungstermine für die Büffelrennen, die südlich des Ortes in Perancak stattfinden, geben die Touristenbüros und Hotels in Kuta Auskunft.

**Penatahan** **[120 C1]**

An der Straße Richtung Norden zum *Gunung Batukau* liegt Penatahan (ca. 40 km von Kuta entfernt). Hier wurde um die heißen Quellen Insider Tipp von *Yeh Panas* eine Bungalowanlage mit Pools gebaut, die ihr Wasser von den heißen Quellen bekommen. Die Bungalows sind viel zu teuer (160 US-$) für das, was geboten wird, und auch für das Baden werden 30 US-$ Eintritt verlangt. Es ist aber ein schöner Platz für eine Rast. Die Quellen sollen gegen Hautkrankheiten helfen. *Reservierung Tel. 0361/75 52 03, Fax 75 24 11*

**Sangeh-Affenwald** **[121 D2]**

Inmitten eines riesigen Waldes von Muskatbäumen liegt rund 30 km von Kuta entfernt ein kleiner Tempel aus dem 17. Jh., der *Pura Bukit Sari*. Er ist dem Gott Vishnu geweiht. Hunderte von Affen leben hier, die die Touristen gern frech attackieren.

**Tabanan** **[120 C2]**

Viele chinesische Geschäfte gibt es in dieser 30 km von Kuta entfernten kleinen Stadt (12 000 Ew.), die inmitten einer fruchtbaren Reislandschaft liegt und einst das Zentrum eines mächtigen Fürstentums war. Interessant ist das *Museum Subak (Mo–Do und Sa 9–15, Fr 9–11 Uhr)*, in dem alles über Reiskultivierung erklärt wird.

**Tanah Lot** **[120 B3]**

Das beliebteste Fotomotiv auf Bali: der Tempel auf einem Felsen im Meer und dahinter der Sonnenuntergang. Um diese Zeit wirkt der Tanah-Lot-Tempel besonders schön, allerdings ist dann auch der Besucheransturm am größten. Wie viele andere Tempel auf Bali ist auch dieser verbunden mit dem Brahmanen-Priester Danghyang Nираratha. Auf seiner Wanderung von Java nach Bali im 16. Jh. soll er sich an dieser Stelle zur Ruhe gelegt und dann geraten haben, hier einen Tempel zu errichten. Leider ist dieses Heiligtum zu einem großen Touristenspektakel verkommen: Slalomlaufen an Souvenirständen entlang. Von Kuta aus kann man den Tempel auch in einer langen Strandwanderung (etwa 15 km) oder per Fahrrad erreichen. Mit dem Auto beträgt die Entfernung von Kuta aus rund 40 km.

## LOVINA

**[116 B2]** Den Namen Lovina – von »love« abgeleitet – gab dem Badestrand der letzte König von Buleleng, Panji Tisna (1908–78). Er war zum Christentum übergetreten und wandelte seinen Palast in den 1960er-Jahren in ein Hotel, Tasik Madu, um. In den 1970er- und 1980er-Jahren galt Lovina als Geheimtipp für Hippies und Backpacker. Sie schätzten die Ruhe der lavageschwärzten Strände und vor allem der billigen Hotels und Losmen. Heute sind die Hotels durch eine Promenade vom Strand getrennt, und die Beschaulichkeit ist dahin. Außerdem ist einst abgelegene Badeort ziemlich heruntergekommen, wohl auch, weil er mittlerweile immer weiter an die Provinzhauptstadt Singaraja herangewachsen ist. Und doch ist Lovina ein guter Ausgangspunkt für Touren in die Umgebung oder zum Schnorcheln im glasklaren Wasser über dem vorgelagerten Riff.

## ESSEN & TRINKEN

Alle Losmen und Hotels haben Restaurants.

**Kakutua**
Das beste Restaurant in Lovina, ganz nah an der Strandpromenade. Die Küche: thailändisch, indonesisch und indisch. Treffpunkt für Einheimische und Touristen. *Jl. Binario, Tel. 0362/413 44,* €€

**Sea Breeze Café**
Direkt am Strand sitzt man in einer Bambus-Bale mit romantischem Blick bei Sonnenuntergang und köstlichen Speisen. Gute Musik und nettes Personal. €

## ÜBERNACHTEN

**Aditya Bungalows**
Bungalowanlage mit Pool am Strand. Auch geräumige Suiten. *80 Zi., Tel. 0362/410 59, Fax 413 42, aditya@indo.com,* €

**Amadeus**
Kleine Bungalowanlage mit Pool, die von dem Österreicher Robert und seiner Frau geführt wird. Auf Wunsch wird auch österreichisch gekocht. *4 Zi., Tel. 0362/422 88,* €

**Bali Lovina Beach Cottages**
Etwas eng stehen hier die Bungalows um den Pool und das Restaurant. *34 Zi., Tel. 0362/412 85, Fax 414 78, www.indo.com/hotels/balilovina,* € – €€

**Damai Lovina Villas**
In dieser Anlage finden Sie acht stilvolle Bungalows mit Pool. Küche und Hotel unterstehen dänischer Leitung. Etwa 3 km landeinwärts, aber mit schönem Blick aufs Meer. *Jl. Damai, Tel. 0362/410 08, Fax 410 09, www.damai.com,* €€€

## FREIZEIT & SPORT

Einige Hotels verleihen Tauch- und Schnorchelausrüstungen. Fischerboote setzen zum Riff über. Am Strand werden Delphintouren angeboten, aber nur morgens um 6 Uhr! Tipp: Mieten Sie ein Kanu und paddeln Sie vor Sonnenuntergang in die Bucht hinaus.

## AUSKUNFT

**Tourist Information**
*An der Straße von Singaraja nach Lovina gelegen*

## ZIELE IN DER UMGEBUNG

**Air Panas** [116 A3] Inside Tipp
Vom Dorf Banjar führt ein Wegweiser zu den ca. 10 km von Lovina entfernt gelegenen heißen Quellen Air Panas. Mitten in einem wilden Wald liegen zwei Becken mit 38 Grad warmem Schwefelwasser, in dem man baden kann. Oberhalb der Quellbecken befindet sich ein Restaurant.

**Brahma Vihara** [116 A3]
Das einzige buddhistische Kloster Balis (etwa 10 km südwestlich von Lovina gelegen und vom

*Das Ufer des Tamblingan-Sees ist auf kleinen Pfaden zu erreichen*

Dorf Banjar ausgeschildert), errichtet auf einem Hügel, von dem man einen wunderbaren weiten Ausblick bis zum Meer hat.

**Bratan-See** **[117 D3–4]**
Sehr malerisch liegt der Bratan-See im Norden Balis, etwa 20 km von Lovina entfernt. Einen ausgezeichneten Blick auf den See hat man vom Ort *Candi Kuning* aus (gute Unterkunft: *Lila Graha Bungalows, 4 Bungalows, Tel. 0362/238 48, €*). Unterhalb des Ortes befindet sich auf einer Insel im See der Tempel *Pura Ulun Danu* mit seinem elffach gestuften Meru (Schrein). Hier wird Dewi Danu, die Göttin des Meeres und der Seen, verehrt. Der König von Mengwi ließ den Tempel 1633 errichten. Der See gilt als heilig, sein Wasser soll magische Kräfte besitzen. Die Restaurants und Unterkünfte am See sind eine attraktive Alternative zum Strandurlaub.

Die meisten Unterkünfte finden Sie in *Bedugul*. Von hier kann man Wanderungen in die Wälder der Umgebung unternehmen (Führer im Hotel Bedugul). Nicht weit entfernt findet sich der 1,5 km$^2$ große *Botanische Garten (Kebun Raya, tgl. 8–16.30 Uhr)* mit mehr als 650 Baumarten, vielen tropischen Gebirgspflanzen und einer hervorragenden Orchideensammlung.

An der Nordseite des Sees liegt der schöne 18-Loch-Golfplatz *Bali Handara Kosaido Country Club (Pancasari, Buleleng, Reservierung Tel. 0361/28 89 44, Fax 28 73 58)* mit Bungalowhotel und Restaurant.

**Buyan-See**
**und Tamblingan-See** **[116 C3]**
★ Oberhalb der beiden Seen, die bis 1818 einen See bildeten, führt eine Straße auf einem Berggrat Richtung *Munduk*. Von hier aus hat man einen wunderbaren Blick über den Buyan-See und

den Tamblingan-See. Kleine Pfade schlängeln sich zum Ufer hinunter, eine schmale Straße führt am Kraterrand entlang. Hier lässt sich ein ausgedehnter Spaziergang unternehmen. Eine sehr schöne Fahrt, wenn sie auch länger dauert, ist die 25 km lange Strecke über Air Panas nach Munduk, um dann auf dem Rückweg der Hauptstraße über Singaraja zu folgen.

**Gitgit-Wasserfall** **[116 C2]**
An der Straße von Singaraja, etwa 10 km südlich Richtung Bratan-See, liegt der mit 30 m höchste Wasserfall Balis. Der lohnende Spazierweg vom Parkplatz über einen zementierten Pfad an Nelkenbäumen und Kaffeestauden vorbei dauert ungefähr eine halbe Stunde.

## PADANG BAI

**[118 B6]** In einer kleinen Bucht liegt Padang Bai, der Fährhafen für die Schiffe nach Lombok und die Schnellboote zur Insel Nusa Penida. Links und rechts vom Hafen schließen feinsandige Badestrände an, an denen Auslegerboote gemietet werden können. Hier stehen preiswerte Losmen und einige Restaurants. Wenn die Fähre aus Lombok einläuft, verwandelt sich der sonst beschauliche Ort in einen lauten Platz: Busse und Bemos (Kleinlaster mit Sitzbänken) kommen an, um die Passagiere abzuholen. Dazwischen laufen fliegende Händler, die schreiend ihre Waren feilbieten.

Padang Bai eignet sich bestens für Strandspaziergänge, hier finden Sie schöne, fast menschenleere kleine Buchten. Aber auch Wanderungen über die Hügel sind empfehlenswert, weil man mit einer herrlichen Aussicht belohnt wird.

### ESSEN & TRINKEN

Alle Homestays und Losmen haben Restaurants. Davon besonders hervorzuheben sind: *Manggala* (ausgezeichnete Fischgerichte und toller Blick) und *Hotel Puri Rai* (gute Küche und Videoshow).

### ÜBERNACHTEN

**Manggala** Insider Tipp
Am Ende der Bucht gelegener, kleiner Losmen mit gutem Restaurant und schönem Ausblick. *Jl. Silayukti (an der Strandstraße), Tel. 0365/414 24, €*

**Pantai Ayu Homestay**
Beliebter Travellertreff auf einem Hügel hinter dem Friedhof mit phantastischem Blick auf die Bucht. *Tel. 0365/413 96, €*

**Hotel Puri Rai**
Die zweistöckigen Bungalows im traditionellen balinesischen Reisspeicherstil sind die beste Unterkunft am Ort. *Jl. Silayukti (an der Strandstraße), Tel. 0365/413 85, Fax 413 86, € (Zimmer mit Aircondition €€)*

### FREIZEIT & SPORT

Der beste Platz zum Schnorcheln liegt hinter einer kleinen Hügelkette, die die Bucht von Padang Bai nordöstlich eingrenzt: *Blue Lagoon.*

Organisierte Tauch- und Schnorcheltouren kann man buchen bei *Water Worx Dive Center, Jl. Silayukti, Tel. 0363/412 20, 0811/37 58 89, www.waterworxbali.com.*

### ZIEL IN DER UMGEBUNG

**Goa Lawah** [118 B6]
3 km von Padang Bai entfernt in Richtung Klungkung liegt die Goa Lawah, die Fledermaushöhle. Hier steht einer der sechs heiligen Tempel Balis. Die Balinesen glauben an einen unterirdischen Gang, der von der Höhle zum heiligen Tempel Besakih führen soll, also die Verbindung zwischen Unter- und Oberwelt darstellt. In der Höhle leben Fledermäuse, die bei Anbruch der Dunkelheit herausfliegen.

## PEMUTERAN

[114 C2] Pemuteran liegt am westlichen Zipfel der Nordküste. Der Ort zieht sich an der Küstenstraße entlang, kleine Stichstraßen und Wege führen zu der großen Bucht, an der das traditionelle Fischerdorf auf der einen und die wenigen Hotelanlagen auf der anderen Seite friedlich nebeneinander liegen. Hierher kommen Reisende, die abseits vom Trubel Ruhe und den Kontakt zur traditionellen balinesischen Lebensweise suchen. Die Hotels liegen in ausgedehnten Gärten, man kann schöne Strandspaziergänge unternehmen, den Fischern zuschauen und direkt vom Strand aus schnorcheln. Ein mit europäischer Unterstützung eingerichtetes Umweltprojekt bemüht sich um den Wiederaufbau der Korallenriffe, der bewusste Umgang mit der Natur prägt die gesamte Atmosphäre. Bars oder Diskotheken sucht man vergeblich. Die Hotels stellen umfangreiche Ausflugsprogramme in den nahe gelegenen Nationalpark und zur Menjangan-Insel bereit.

### ÜBERNACHTEN

**Matahari Beach Resort**
Luxuriöse Bungalows, die in einem Tropenpark fast versinken. Gute balinesisch-europäische Küche, für die Qualität bürgt die Zugehörigkeit zur Hotelkette Relais & Chateau. Selbstverständlich: Pool und Spa mit einem Massagepavillon direkt am Meer. *32 Zi., Tel. 0362/923 12, Fax 923 13, www.matahari-beach-resort.com,* €€€

**Taman Selini** Insider Tipp
Sehr schöne Anlage, ganz außergewöhnlich sind die Bungalows mit Daybeds auf der Veranda. Im offenen Restaurant am Meer genießt man indonesisch-internationale Küche. Pool. *Tel./Fax 0362/934 49, 947 46, www.tamanselini.com,* €€

### ZIELE IN DER UMGEBUNG

**Pulau Menjangan** [114 B1]
★ Diese unbewohnte Insel im Nationalpark gilt als das schönste Tauchgebiet Balis. Die Korallenriffe sind hier noch intakt. Es ist möglich, bis zu 40 m tief zu tauchen. Für die Insel im Wasserschutzgebiet müssen Sie sich eine Genehmigung in der Forschungsstation von *Labuhan Lalang* [114 B2] besorgen. Dort gibt es auch einfache Warungs. Von Labuhan Lalang können Sie sich auf die Insel übersetzen lassen.

**Pura Pulaki** [115 D2]
Wenige Kilometer östlich von Pemuteran liegt der Pura Pulaki, einer der Nationaltempel. Der Tempel ist relativ schmucklos, wird aber von einer Schar Grauaffen bevölkert. Und er ist verbunden mit dem Sanskrit-Gelehrten Sanghyang Nirartha,

der Anfang des 16. Jhs. den Hinduismus auf Bali verbreitete.

**Taman Nasional Bali Barat** **[114–115 A–F 2–4]**
★ Der Nationalpark Westbalis erstreckt sich über fast 800 km$^2$ und wurde 1983 eröffnet. Das vom Aussterben bedrohte Banteng-Rind, Affen und einige Rotwildarten leben in diesem Dschungel. Für Ornithologen und Besucher, die einsame Wanderungen lieben, ist der Park ein Vergnügen. Eine Genehmigung für den Nationalpark bekommt man bei der Aufsichtsbehörde im 25 km von Pemuteran entfernten *Cekik (Mo–Do 8–14, Fr 8–11, Sa 8–12.30 Uhr, Tel. 0365/610 60)*.

## SANUR

**[121 D4]** Sanur ist die saubere, vornehme Ausgabe von Kuta. Statt eines spektakulären Sonnenuntergangs gibt es hier den Sonnenaufgang, der nicht minder eindrucksvoll ist. Entlang dem weißsandigen Strand breiten sich die Hotels in tropischen Gärten aus, fast alle mit Pool. An Sanurs Strand steht das einzige Hochhaus Balis, das Grand Bali Beach, ein hässlicher, zehnstöckiger Neubau, nach dessen Fertigstellung beschlossen wurde, dass kein Haus auf Bali höher als die Palmen sein dürfe. Dem Strand ist ein Korallenriff vorgelagert, Auslegerboote fahren nach Bedarf zum Riff. Das Badevergnügen ist eingeschränkter als in Kuta, allerdings auch sicherer. Richtig schwimmen kann man im Meer nur bei Flut.

Früher war Sanur ein Fischerdorf und berühmt wegen der langen Tradition in der Kunst der Magie, vor allem der »Black Magic«. Schon in den 1930er-Jahren wurde Sanur Anziehungspunkt für westliche Künstler. So verbrachte auch Balis berühmtester Nichtbalinese

*Boote am Strand von Sanur, bereit für eine Fahrt zum Riff*

Walter Spies oft seine Tage an Sanurs Küste, und die Anthropologin Margaret Mead ließ sich hier ebenso nieder wie der belgische Maler Le Mayeur.

In Sanur ist alles teurer als in Candi Dasa und Lovina. Allerdings ist es hier auch viel ruhiger als in Kuta, und dabei ist die Atmosphäre nicht so steril wie in Nusa Dua.

## MUSEUM

**Museum Le Mayeur**
In den 1930er-Jahren ließ sich der belgische Maler Le Mayeur in Sanur nieder. Dem indonesischen Staat vermachte er vor seinem Tod (1958) seine Bilder, die hier ausgestellt sind. Auch sein Wohnhaus ist zu besichtigen. *Sa–Do 8–16 Uhr*

## ESSEN & TRINKEN

**Bali Hyatt**
Tagsüber sitzt man am besten im *Pizza Ria & Terrace (€€€)* unter Bäumen am Strand. Es gibt frische Salate vom Büfett und italienische Gerichte. Abends kann man im *Telaga Naga (Tel. 0361/28 82 71, €€€)*, einem Lotosgarten, exquisite Spezialitäten der Kanton- und Szechuan-Küche probieren.

**Beach-Market**
Typische indonesische Spezialitäten können Sie an den kleinen Warungs zwischen den Verkaufsständen des Beach-Market sehr preiswert probieren. *Jl. Segara Ayu, €*

**Nan Ban Kan**
Japanische Küche, die im entsprechenden Ambiente serviert wird. *Jl. D. Tamblingan 67, Tel. 0361/28 83 88, €€€*

**Nelayan**
Gute Fischgerichte – »pur« gegrillt, indonesisch oder chinesisch zubereitet. *Jl. D. Tamblingan, Tel. 0361/28 82 63, €€*

**Trattoria Da Marco**
Hier kommen sowohl gegrillter Fisch als auch gute Nudelgerichte auf den Tisch. *Br. Semawang, Tel. 0361/28 83 72, €–€€*

## EINKAUFEN

**Ancestors**
Traditionelles Kunsthandwerk. *Jl. D. Tamblingan 97*

**Nogo Bali Ikat Centre**
Ikat-Stoffe und Baumwollseidenstoffe. Sie können auch etwas anfertigen lassen. *Jl. D. Tamblingan 98, Tel. 0361/28 87 65*

**Pollok Art Shop**
Die Tochter des Malers Le Mayeur verkauft neben dem Museum balinesisches Kunsthandwerk.

**Sanur Bookshop**
Hier erhalten Sie Zeitschriften und englischsprachige Bücher. *Jl. D. Tamblingan*

## ÜBERNACHTEN

**Bali Hyatt**
Das Hotel liegt in einem riesigen tropischen Garten mit eigenem Strand und großem Pool. Sehr angenehme Atmosphäre. 1994 wurde es gründlich renoviert. Besonders gut geeignet ist das Hotel für Urlaub mit Kindern – es gibt ein spezielles Kinderprogramm. *390 Zi. (zusätzlich im Hotel: Regency Club, 68 Zi.), Jl. D. Tamblingan,*

*Tel. 0361/28 12 34, Fax 28 76 93, www.bali.resort.hyatt.com,* €€€

**Bali International Youth Hostel**
Südwestlich von Sanur, Richtung Kuta, liegt Balis einzige Jugendherberge mit einem kleinen Pool und billigen Zimmern. *30 Zi., Jl. Mertasari 19, Sidarkarya, Tel./Fax 0361/72 08 12,* €

**Gazebo Beach Cottages**
Direkte Strandlage, um den Pool verlieren sich die Bungalows in einem tropischen Garten. *75 Zi., Jl. D. Tamblingan, Tel. 0361/28 82 12, 28 90 60, Fax 28 83 00, www.baligazebo.com,* €€

**Grand Bali Beach**
Das einzige Hochhaus Balis. Nachdem es 1993 fast abgebrannt war, wurde es gründlich renoviert. Von den Zimmern hat man einen schönen Blick aufs Meer. Die Büros vieler Airlines sind in diesem Hotel untergebracht. *600 Zi., Jl. Hang Tuah, Tel. 0361/28 85 11, Fax 28 79 17, www.innagrandbalibeach.com,* €€

**Sanur Beach Hotel**
Große, etwas sterile Hotelanlage im Süden Sanurs mit umfangreichem Sportangebot. *321 Zi., Jl. Semawang, Tel. 0361/28 80 11, Fax 28 75 66, www.sanurbeachhotelbali.com,* €€€

**Segara Village**
Das Bungalowhotel liegt in einem tropischen Garten. Es gibt ein spezielles Kinderfreizeitprogramm. *110 Zi., Jl. Segara Ayu, Tel. 0361/28 84 07, Fax 28 72 42, www.segaravillage.com,* €€

**Tandjung Sari**
Der Charme dieses kleinen Familienhotels aus den 1960er-Jahren ist leider verblichen. *29 Bungalows, Jl. D. Tamblingan, Tel. 0361/28 84 41,*

## Puputan

**Um der Kolonisierung zu entgehen, wählten balinesische Fürsten den Freitod**

Am frühen Morgen des 20. September 1906 landete eine holländische Strafexpedition an der Küste von Sanur. Endlich wollten die Holländer gegen das südbalinesische Königreich Badung, das sich ihnen bis dahin immer widersetzt hatte, vorgehen. Die Holländer marschierten Richtung Badung (heute Denpasar). Der Raja von Badung gab Befehl, seinen Palast niederzubrennen und ging den Eindringlingen mit seiner Familie und bewaffneten Gefolgsleuten entgegen. Der Raja stieß sich seinen Dolch ins Herz, sein Gefolge tat es ihm gleich, um der Unterwerfung zu entgehen. Das Gleiche wiederholte sich 1908 in Klungkung. Dort markierte das Ereignis das Ende eines unabhängigen Bali und den Übergang in die Kolonialherrschaft. Alle vollzogen einen rituellen Selbstmord *(puputan)*.

*Fax 28 79 30, www.welcome.to/tandjungsari,* €€€

Insider Tipp
**La Taverna**
Äußerst stilvoll eingerichtetes, kleines Hotel. *34 Zi., Jl. D. Tamblingan, Tel. 0361/28 84 97, Fax 28 71 26, www.latavernahotel.com,* €€

## FREIZEIT & SPORT

Sportangebote sowie Ausrüstung zum Tauchen und Schnorcheln gibt es in vielen Hotels. Die kleinen, bunten Auslegerboote fahren zum Riff hinaus oder machen auch längere Touren an der Küste entlang. Beim Bali Hyatt kann man sich am Strand im Parasailing üben.

Am Grand Bali Beach gibt es einen 9-Loch-Golfplatz, am Hyatt einen 3-Loch-Golfplatz, außerdem Tennis in beiden Hotels und Strandvolleyball im Hyatt.

Morgens um 7.30 und 9 Uhr kann man sich mit Booten zum Pura Luhur Ulu Watu bringen lassen, um Delphine im Meer zu beobachten. *Ena Dive Centre, Tel. 0361/28 88 29, www.enadive.co.id*

In kleinen, motorisierten Booten können Sie sich zur Insel Nusa Lembongan übersetzen lassen *(Abfahrt am Ananda Hotel nördlich vom Grand Bali Beach, der Preis muss ausgehandelt werden).*

## AM ABEND

In Sanur verlangen die Diskos einen Dresscode: T-Shirts, kurze Hosen und Badelatschen sind nicht erlaubt.

**Bali Hai**
Nightclub und Restaurant im 10. Stock des Grand Bali Beach, einzigartig auf Bali, und ein gigantischer Ausblick. Eine Liveband spielt Tanzmusik. *Jl. Hang Tuahy*

**Club No. 1**
Elegante Riesendisko auf zwei Ebenen, eher für die ältere Generation. Wohlhabende Indonesier treffen sich hier gern. *Tgl. ab 20 Uhr, Jl. Danau Poso 146*

**Grantang Bar**
Sehr schöne Cocktailbar im Bali Hyatt mit Live-Jazzmusik. *Do–Di 20–2 Uhr, Jl. D. Tamblingan*

**Kafe Wayang**
Sehr beliebt sowohl bei jungen Touristen als auch bei Balinesen. Freitags und samstags finden Jamsessions statt. *Tgl. 18–2 Uhr, Jl. Bypass Ngurah Rai*

**Subec**
Die Aufreißerdisko am Ort, elegantes Ambiente. *Tgl. ab 20 Uhr, Jl. D. Tamblingan*

## ZIELE IN DER UMGEBUNG

**Batubulan** [121 D3]
Das Zentrum der Steinmetzen liegt in Richtung Norden, 8 km von Sanur entfernt. Dämonen und Götter in allen Variationen stehen hier zum Verkauf. Wen die Auswahl in Kaufrausch versetzt, der kann sich alles verpacken und nach Hause schicken lassen.

In Batubulan findet täglich der berühmte *Barong-Tanz (9.30 bis 10.30 Uhr, Eintritt 50 000 Rp.)* statt. Sehenswert in Batubulan ist der Tempel *Pura Puseh,* der im Norden des Ortes liegt, mit seinen vielen eindrucksvollen Skulpturen im Tempeltor.

**Benoa** **[121 D5]**

Benoa ist der wichtigste Hafen Balis und Handelshafen für das rund 10 km entfernt gelegene Denpasar. Nach der Eroberung der Insel durch die Holländer wurde der Hafen (Labuhan Benoa) künstlich angelegt. Zum Baden eignet sich wunderbar das benachbarte Fischerdorf Tanjung Benoa, zu dem man sich übersetzen lassen kann.

Von Benoa segelt auch ein Luxuskatamaran zur Nusa Lembongan *(Waka Louka Cruises, Abfahrt tgl. 9 Uhr, Rückfahrt 18 Uhr, Preis 78 US-$ inklusive Hoteltransfer und Essen).*

**Celuk** **[121 E3]**

Was Batubulan für die Steinmetzen ist, das ist das etwa 10 km von Sanur entfernte Celuk für die Silberschmiede. Interessant ist es freilich nur, wenn Sie den Silberschmieden bei der Arbeit zusehen wollen – günstiger kaufen können Sie in Kuta und Ubud. Nach Celuk fahren regelmäßig Reisebusse, entsprechend hoch sind die Preise.

**Pulau Serangan** **[121 D5]**

Auf der »Schildkröteninsel« Serangan steht der kleine, dem Meeresgott Waruna geweihte *Pura Sakenan,* der zu den sechs Reichstempeln gehört. Am interessantesten ist es, die Insel am Kuningan-Feiertag zu besuchen, wenn in langen Prozessionen gläubige Hindus mit Opfergaben hierher pilgern. Sie gehen bei Ebbe zu Fuß durch den Schlamm. Die Bewohner der Insel jedoch sind Moslems aus Südsulawesi.

Die Insel bekam ihren Beinamen, weil hier Schildkröten verkauft werden. Balinesen essen aus rituellen Gründen an bestimmten Festtagen Schildkrötenfleisch. Seeschildkröten stehen allerdings unter Naturschutz.

## SINGARAJA

**[116 C1]** Ruhiger als in Denpasar geht es hier, in der alten Haupt- und Hafenstadt (100 000 Ew.), zu. Sie war im 17. und 18. Jh. Residenz des mächtigen Rajas von Buleleng. 1846 eroberten die Holländer zuerst den Norden Balis. In Singaraja sind noch viele Häuser im holländischen Kolonialstil zu sehen. Die Einwohner von Singaraja gehören verschiedenen ethnischen und religiösen Gruppen an: Chinesen, balinesische Hindus, Moslems und Christen leben hier miteinander.

### SEHENSWERTES

**Gedong Kirtya** Insider Tipp

Alte Manuskripte und Lontarbücher sind in dieser Bibliothek untergebracht, die 1928 von den Holländern gegründet wurde. Die Sammlung enthält über 3000 Exponate, darunter die ältesten schriftlichen Überlieferungen der Insel. *Mo–Sa 7 bis 14 Uhr, Jl. Veteran 22*

### EINKAUFEN

**Pertenunan Berdikari** Insider Tipp

In dieser kleinen Manufaktur werden wunderbare Stoffe gewebt, vor allem viele Seidenstoffe. Verkauf direkt in der Produktionsstätte. *Jl. Dewi Sartika 42*

**Tresna**

Antiquitäten und Stoffe können Sie hier erwerben. *Jl. Gajah Mada*

## ÜBERNACHTEN

**Wijaya Hotel**
Das komfortabelste Haus am Ort, mit Ventilatoren und schönen Außenbadezimmern. Innenhof. *26 Zi., Jl. Jen. Sudirman 74, Tel. 0362/219 15, Fax 258 17, €*

## AUSKUNFT

**Tourist Information Service**
Hier bekommen Sie ausführliches Informationsmaterial über Balis Norden. *Jl. Veteran, Tel. 0362/ 219 46*

## ZIELE IN DER UMGEBUNG

**Air Sanih** [117 E1]
Die Attraktion dieses 17 km östlich von Singaraja gelegenen Ortes ist ein großes Badebecken, in das Quellwasser sprudelt: angeblich ein Jungbrunnen für Liebende. Air Sanih (auch Yeh Sanih genannt) ist ein idyllischer Ort, geeignet für einen Stopp auf der Fahrt von Norden nach Karangasem. Es gibt einige gute, einfache Unterkünfte am Strand und Restaurants.

**Jagaraga** [117 D1]
Hier befindet sich ein ungewöhnlicher *Pura Dalem* (Todestempel): Langnasige Holländer in einem Ford T werden von Banditen bedroht, und es sind fliegende Objekte mit Menschenköpfen und Fischschwänzen zu sehen. Das 15 km von Singaraja entfernt gelegene Jagaraga ist ein historischer Ort, denn hier fand 1849 ein Puputan statt, ein ritueller Selbstmord im Kampf gegen die Unterwerfung, nachdem die Holländer zuvor zweimal erfolgreich abgewehrt werden konnten.

**Sangsit** [116 C1]
An der Küstenstraße, nur ein paar Kilometer hinter Singaraja in östlicher Richtung, liegt Sangsit. Hier befindet sich einer der weithin bekannten Tempel Nordbalis, *Pura Beji* aus dem 15. Jh. Er ist Dewi Sri, der Reisgöttin, gewidmet. An diesem »barocken« Tempel lassen sich beispielhaft die Unterschiede in der Tempelarchitektur Nord- und Südbalis erkennen: Die Tempel im Norden sind symmetrisch, in den zahlreichen Verzierungen zeigt sich der chinesische Einfluss.

# UBUD

[121 D2] Umgeben von prächtigen Reisterrassen, tropischen Wäldern und wilden Schluchten liegt Ubud (16 500 Ew.), die ehemalige alte Königsstadt. Paläste sind hier in Hotels umgewandelt worden. Die örtlichen Künstler produzieren in

*Die aus Holz geschnitzten Statuen des Fabelwesens Garuda bewahren balinesische Häuser vor Feuer – und sind ein gefragter Exportartikel*

rasender Geschwindigkeit Gemälde und Holzschnitzereien für die Touristenmassen, die Ubud zur »Boomtown« gemacht haben. Wer Ubud aus früheren Jahren kennt, staunt: Die Hauptstraße ist heute eine Avenue (mit gepflasterten Fußwegen und Parkstreifen) mit kleinen Läden, Cafés, Restaurants, Galerien und Geldwechslern. Der Königspalast und die Tempel scheinen zur Nebensache geworden zu sein. Auch die ehemals ruhige Monkey Forest Road hat sich zur belebten Einkaufs- und Wohnmeile für Touristen gewandelt.

Ursprünglich war Ubud ein wichtiger Ort für Heilpflanzen und -kräuter. Der Name kommt von dem balinesischen Wort für Medizin, *ubad.* Ubud gehört dem Bezirk Gianyar an, der hauptsächlich vom Tourismus lebt. So ist die Straße von Batubulan bis nach Ubud gesäumt von Dörfern, die sich jeweils auf ein bestimmtes Handwerk spezialisiert haben. In Richtung Gianyar findet man am Weg Holzschnitzer, Korbflechter und Seidenweber, auch die Gongs fürs Gamelan werden hier hergestellt. Balis berühmteste Tänzer und Künstler kommen aus dieser Region.

Im späten 19. Jh. ließ sich Prinz Cokorda Sukawati in Ubud nieder und begründete Ubuds Schicksal. Er gewährte vielen Künstlern von anderen Königshöfen Zuflucht. Das berühmteste Beispiel ist der Maler I Gusti Nyoman Lempad, dessen Vater so nach Ubud kam. Er schuf den Lotosthron im Pura Saraswati sowie etliche Skulpturen am Palast. Im Alter von 116 Jahren starb er 1978. Geblieben sind seine Werke und die Lempad-Galerie. Seit den späten 1920er-Jahren festigten Walter Spies und die ihm nachfolgenden Künstler Ubuds Ruf als Künstlerdorf, Ubud wurde »en vogue«. Charlie Chaplin reiste hierher, die Anthropologin Margaret Mead, Barbara Hutton, H. G. Wells. Und Vicki Baum schrieb im Haus von Walter Spies ihren berühmten Roman »Liebe und Tod auf Bali«. So entwickelte sich Ubud zu einem kulturellen Zentrum.

Immer noch finden viele religiöse Zeremonien und Tänze statt. Zwölf große Tempel gibt es in und um Ubud. Der Ort hat sich nahtlos ausgedehnt nach Pengosekan und Peliatan im Süden sowie nach Penestanan im Westen. Die Gegend um Ubud ist sehr gut geeignet für lange Spaziergänge, Radtouren und Tagesausflüge in die Umgebung.

## SEHENSWERTES

### Monkey Forest

Am Ende der Monkey Forest Road liegt der so genannte »Affenwald«. Unter einem riesigen Waringibaum haust eine Affenfamilie, die gern neugierig in Taschen herumstöbert oder sich an Schmuck bereichert. Weiter unterhalb am kleinen Tempel, der Dewi Sri, der Reisgöttin, gewidmet ist, befindet sich ein Badeplatz. Der Eintritt zum Affenwald ist eine kleine Spende für den Erhalt des Waldes.

### Pura Dalem Agung Padang Tegal

Insider Tipp

Hinter dem Affenwald in Richtung des Dorfes Padang Tegal steht dieser Tempel, bewacht von sieben Rangdas (Hexen). Eine von zwei Schlangen umwundene Riesenschildkröte bildet die Basis des Innenhoftores.

### Puri Saren

Mitten im Zentrum befindet sich ein alter Palast, die ehemalige Residenz des Rajas von Ubud. Ein heiliger Kris (Dolch) und die Maske des Affengenerals Hanuman werden hier verwahrt. Die Nachkommen des Rajas leben heute in einem kleinen Privattrakt, der Rest wird als Hotel genutzt. Montags um 19.30 Uhr werden klassische Legong-Tänze gezeigt.

## MUSEEN

### Agung Rai Museum of Art

Südlich der Monkey Forest Road eröffnete der Mäzen Agung Rai seine Sammlung. Neben balinesischer Malerei sind auch Bilder des großen javanischen Malers Affandi zu besichtigen. Am besten besuchen Sie das Museum erst gegen Abend, denn auf dem Gelände werden auch Tänze gezeigt. *Tgl. 9–18 Uhr, Jl. Pengosekan*

### The Blanco Renaissance Museum

Kunst als Selbstinszenierung betrieb der spanisch-amerikanische Maler Antonio Blanco, der 2000 starb. Ein Teil seines Hauses ist Museum, in dem seine erotische Malerei ausgestellt ist und das heute von seinem Sohn Mario geleitet wird. Man kann das Gebäude nicht verpassen: Ein großes schmiedeeisernes Tor links hinter der Brücke im Ortsteil Campuan ist der Eingang. *Tgl. 9–16 Uhr*

### Museum Neka

★ Etwa 2 km außerhalb von Ubud, Richtung Kedewatan, liegt das Museum, gegründet von Ubuds berühmtem Kunsthändler und Sammler Suteja Neka. Man bekommt einen guten Überblick über die balinesische Malerei im 20. Jh. Auch Werke europäischer Maler,

*Moderne Malerei im Museum Neka*

die die balinesische Kunst beeinflusst haben, sind hier ausgestellt. *Tgl. 9–17 Uhr, Jl. Raya Campuhan, www.museumneka.com*

### Museum Rudana

In Peliatan südlich von Ubud liegt zwischen Reisterrassen dieses großzügig angelegte Museum, das sowohl traditionelle Malerei zeigt als auch moderne Werke des javanischen Malers Affandi und des berühmtesten balinesischen Malers, I Gusti Nyoman Lempad. *Tgl. 8–17 Uhr, an der Straße Richtung Mas und Denpasar*

### Puri Lukisan

Insider Tipp

In diesem »Palast der Malerei«, im Zentrum von Ubud in einem Park, sind in drei Gebäuden Werke balinesischer Maler ausgestellt. Eine Stiftung, die vom deutschen Maler Walter Spies, dem Holländer Rudolf Bonnet und dem Prinzen von Ubud ins Leben gerufen wurde, ermöglichte die Eröffnung 1953. *Tgl. 8 bis 16 Uhr, Jl. Raya Ubud*

## ESSEN & TRINKEN

**Ary's Warung**

Im Zentrum von Ubud macht Ary's Warung dem Lotus Café als Szenetreff Konkurrenz. Hier gibt's viele vegetarische Gerichte und an den Wänden Fotografien von dem Deutschen Gregor Krause. Er hat Bali 1912 fotografiert. Gute Weinkarte. *An der Hauptstraße (Jl. Raya Ubud), Tel. 0361/97 50 63,* €€

**Bebek Bengil**

Man schaut auf die Reisfelder mit den Enten. Die Spezialität des Hauses ist knusprig gebratene Ente. Große Auswahl an Salaten und Pasta. *Jl. Hanoman, Tel. 0361/97 89 54,* €€–€€€

**Casa Luna**

Ubuds bestes Frühstücksrestaurant an der Hauptstraße mit eigener Bäckerei, doch auch am Abend ist das Casa Luna gut besucht. Hier kann man auch Kochkurse belegen. *Tel. 0361/97 74 09,* €–€€

**Ketut's Place**

Ein- bis dreimal pro Woche kocht Ketut ein balinesisches Menü für etwa 15 Gäste. Unterhaltsam und gut! Telefonische Anmeldung. *Jl. Suweta 40, Tel. 0361/97 53 04,* €

Insider Tipp **Lotus Café**

Im Zentrum gelegen, Plätze gibt es sowohl drinnen als auch draußen. Serviert werden indonesische Küche, Nudelgerichte und Vollwertkuchen sowie jede Menge erfrischender Joghurts. *An der Hauptstraße (Jl. Raya Ubud), Tel. 0361/97 56 60,* €–€€

**Mozaic**

Küchenchef Chris Salans hat zuvor in New York gekocht und zaubert nun hier allabendlich köstliche und ungewöhnliche Kombinationen. *Raya Singgingan 31, Tel. 0361/97 57 68,* €€€

**Murnis Warung**

In einem pompösen Steingebäude an der alten Hängebrücke im Ortsteil Campuan mit Blick auf die Schlucht. Köstlich sind die hausgemachten Backwaren, außerdem werden italienische und indonesische Gerichte serviert. *Tel. 0361/97 52 33,* €€

**Nachtmarkt**

Ab 18 Uhr können Sie an den Warungs im Zentrum indonesische Spezialitäten probieren.

**Wayans Cafe und Bakery** Insider Tipp

Ein kleines Restaurant mit einfacher, aber sehr guter Küche. *Monkey Forest Road, Tel. 0361/97 54 47,* €

## EINKAUFEN

Man hat den Eindruck, dass Ubud nur noch aus Shops besteht: Schlendern Sie einfach die Hauptstraße *(Jl. Raya Ubud)* und die *Monkey Forest Road* entlang, dort folgt ein Laden auf den anderen. An der Kreuzung der beiden Straßen findet täglich ein Markt statt. Einmalig ist die Vielzahl der Galerien in Ubud. Besonders interessant sind die *Lempad-Galerie*, die *Munut-Galerie* (I Wayan Munut, der die Galerie führt, ist ein Schüler Rudolf Bon-

*Das Lotus Café in Ubud liegt idyllisch neben einem Seerosenteich*

nets), die *Neka-Galerie* (Suteja Neka ist Balis berühmtester Sammler) und die *Seniwati-Galerie,* in der Kunst von Frauen gezeigt wird.

## ÜBERNACHTEN

Im Zentrum, vor allem entlang der *Monkey Forest Road,* sind viele Mittelklassehotels entstanden, deren Bungalows meistens um einen Pool gruppiert sind. Doch in der Monkey Forest Road und entlang der parallel verlaufenden *Jl. Hanoman* gibt es auch viele preiswerte Homestays und Losmen.

Etwa 5 km außerhalb Ubuds sind in der Schlucht von *Kedewatan* mit phantastischem Blick auf Reisterrassen und den Ayung River einige Luxushotels gebaut worden.

**Insider Tipp Alila**

Ein sensationell schöner Ort: Der Ayung-Fluss trifft hier mit einem kleineren Fluss zusammen. Reisterrassen, Bambus- und Palmenwälder liegen vor der Tür. 56 Zimmer und acht Suiten mit einzigartigem Ausblick, von einem großen Pool führt ein Weg in die Schlucht zu einem natürlichen Badeplatz. *Desa Melinggih Kelod Payangan, Tel. 0361/97 59 63, Fax 97 59 68, www.alilahotels.com,* €€€

**Artini Cottages I, II und II**

In der Jl. Hanoman liegen sich die Partner-Losmen gegenüber: Artini I, die einfachere, billigere Variante mit schönen Bungalows, und Artini II und III etwas komfortabler und mit Pool. *32 Zi., Tel. 0361/ 97 84 24, Fax 97 53 48, www. artinicottage.com,* €

**Bali Spirit**

Südlich vom Monkey Forest liegt diese kleine Anlage mit nur 19 Zimmern, die ihren Gästen aber ein Kosmetikprogramm anbietet und außerdem über einen Naturpool verfügt. *Nyuh Kuning, Tel. 0361/ 97 40 13, Fax 97 40 12, www.balispirithotel.com,* €€€

**Nick's Pension**
Die Anlage ist nicht so klein, wie der Name vermuten lässt. Fast im Zentrum und trotzdem angenehm ruhig in einem tropischen Garten mit Pool gelegen. *32 Zi., Jl. Wanara Wana (Monkey Forest Road), Tel./ Fax 0361/97 56 36, nicksp@indosat.net.id,* €

**Pertiwi Bungalows**
Bungalowanlage mit Pool und Spa. Einige der Zimmer haben eine schöne Aussicht auf Reisterrassen. *50 Zi., Monkey Forest Road, Tel. 0361/97 52 36, Fax 97 55 59, www.pertiwiresort.com,* €€

**Puri Garden I**
Eine Anlage im balinesischen Stil mit größeren einstöckigen Gebäuden. Jedes Zimmer hat eine eigene Terrasse. *42 Zi., Monkey Forest Road, Tel. 0361/97 53 95, Fax 97 61 88, www.indo.com/hotels/puri-garden,* €

**Taman Bebek**
Insider Tipp
Ein kleines, sehr idyllisch gelegenes Hotel: Nur acht Bungalows und eine Presidential Suite im Kolonialstil gehören zu dieser sehr schönen Anlage in Sayan oberhalb der Schlucht des Ayung-Flusses. *Tel./ Fax 0361/97 53 85, Buchung über Tel./Fax 0361/72 05 07, www.bali.www.com/tamanbebek,* €€€

**Hotel Tjampuhan**
Traditionsreiches, renoviertes Hotel, in dem der Maler Walter Spies sein Refugium hatte. Es liegt am Flussufer im Ortsteil Campuan. *35 Zi., Tel. 0361/ 97 53 68, Fax 97 51 37, www.indo.com/hotels/tjampuhan,* €€

*Leuchtende Palette gefüllter Körbe auf dem Markt von Ubud*

**Ulun Ubud Cottages**
Etwa 2 km außerhalb von Ubud Richtung Kedewatan liegt diese Bungalowanlage an einem Hang mit sehr schönem Blick auf Reisterrassen. *30 Zi., Tel. 0361/97 50 24, 97 57 62, Fax 97 55 24, www.ulunubud.com, €€*

## FREIZEIT & SPORT

Insider Tipp
**Bali Bird Club**
Ein Ausflug in Balis Vogelwelt mit dem kundigen Ornithologen Victor Mason, der schon viele Jahre auf Bali lebt. *Tel. 0361/97 50 09*

**Ubud Sari Health Resort**
Wer kein Spa im Hotel hat, aber trotzdem in den Genuss einer balinesischen Massage kommen möchte, kann hierher gehen. *Jl. Kajeng 35, Tel. 0361/97 43 93, www.ubudsari.com, ab 30 US-$ pro Stunde*

## AM ABEND

Insider Tipp
**Funky Monkey**
Szenetreff in Ubud: Balinesen und Touristen sitzen hier bei Hip-Hop und Rockmusik. *Tgl. außer Mo 19 bis 1 Uhr, Monkey Forest Road*

**Jazz Café**
Neben gut gemixten Cocktails kann man hier auch kleine Snacks der balinesischen Küche genießen. Mi, Fr und Sa wird ab 19.30 Uhr Live-Jazzmusik gespielt. *Jl. Tebasaya, Tel. 0361/97 68 57*

## AUSKUNFT

**Tourist Office Bina Wisata**
Hier gibt es Informationen über Veranstaltungen, denn Tanz- oder Puppenspielvorführungen werden fast täglich gezeigt. Auch Fahrten zum Flughafen kann man sich hier organisieren lassen. An der Hauptstraße gegenüber vom Lotus Café. *Jl. Raya Ubud, Tel. 0361/97 32 85*

## ZIELE IN DER UMGEBUNG

**Bangli** **[121 F1]**
Bangli (30 000 Ew.) ist eine kleine, verschlafene Stadt 25 km nördöstlich von Ubud. Belebt ist sie nur an Markttagen (alle drei Tage) und an Festtagen, doch Feste gibt es hier viele. Bangli ist eine alte Stadt, schon 1204 wurde sie urkundlich erwähnt. Einst war sie Sitz eines mächtigen Fürstentums, das als einziges der großen Raja-Reiche keinen Zugang zum Meer hatte, dafür aber den großen See Batur zu seinem Reich zählte. Im ehemaligen Palast ist ein kleines Hotel eingerichtet. Heute ist Bangli die Hauptstadt des gleichnamigen Regierungsbezirks.

Sehenswert ist vor allem der *Pura Kehen*, einer der sechs Reichstempel. Er liegt nordöstlich des Zentrums und ist ein siebenstufiger Terrassentempel, der schon im 11. Jh. gebaut wurde. 38 Stufen führen zu dem gedeckten Tor *(candi kurung)*, über dem ein Kala-Dämon, eine löwenähnliche Maske, wacht. Der Tempel liegt zu Füßen des *Bukit Bangli*. In einer halben Stunde ist man auf dem Gipfel des Hügels und hat einen wunderbaren Blick zum Gunung Agung.

Nicht weit vom Tempel befindet sich das *Sasana Budaya Art Center*, in dem viele Tanzaufführungen stattfinden. In Bangli gibt es nicht nur eines der großen Gamelans, hier werden auch verschiedene Arten des Baris-Tanzes gezeigt. Es lohnt sich, in Bangli ein paar Tage

*Der Terrassentempel Pura Kehen in Bangli ist über 800 Jahre alt*

zu bleiben, denn nicht nur kulturell hat Bangli viel zu bieten. Die Gegend mit ihren Reisterrassen und Wäldern lädt auch zu zahlreichen Spaziergängen ein.

**Goa Gajah** **[121 E2]**

In die Elefantenhöhle führt das weit aufgerissene Maul eines Dämons. Die Höhle stammt aus dem 8. Jh. und ist somit einer der alten Überreste balinesischer Geschichte. Sie wurde aber erst 1923 wieder entdeckt. Vor der Höhle befinden sich Badeplätze, die 1954 ausgegraben wurden. Vermutlich lebten hier buddhistische, später dann hinduistische Mönche. Zwei Buddhastatuen am jenseitigen Ufer des kleinen Flusses Petanu weisen darauf hin. Viele Händler versuchen hier, ihre Waren zu verkaufen.

**Gunung Kawi** **[121 E1]**

Über eine steile Treppe hinab in eine Schlucht des Flusses Pakrisan kommen Sie zu den Königsgräbern. Sie sollen die Ruhestätte des Königs Anak Wungsu, seiner beiden Frauen und Söhne sowie seiner Konkubinen sein. Anak regierte Bali von 1049 bis 1077. Die Gräber liegen hinter neun in den Felsen gemeißelten Candis. Diese soll einer Legende nach der Riese Kebo Iwo mit seinen Fingernägeln in die Felsen gekratzt haben. Auch eine Mönchsklause aus dem 9. Jh. ist hier, 25 km nördlich von Ubud, erhalten.

**Mas** **[121 E2]**
Mas, der Nachbarort von Ubud (2 km entfernt), ist das Dorf der Holzschnitzer: Masken, Dämonen, Blumen und Spiegelrahmen werden hier hergestellt und verkauft. Besonders interessant sind die Tanzmasken von Ida Bagus Anom, der Schüler in die Kunst des Schnitzens einweiht. Gehen Sie auch in die *Njana-Tilem-Galerie:* Hier entdecken Sie kunstvolle Schnitzereien, die jedoch ihren Preis haben.

**Pejeng und Bedulu** **[121 E2]**
Im Osten von Ubud liegen viele alte Tempel. Bedulu war nämlich das Zentrum des Pejeng-Reiches, des ältesten bekannten Reiches auf Bali. Im *Pura Penataran Sasih* im 3 km von Ubud entfernten Pejeng, der zu den sechs heiligen Tempeln Balis gehört, befindet sich der »Mond von Pejeng«, die größte Bronzetrommel der Welt. Sie ist der bedeutendste Fund Indonesiens aus der Bronzezeit.

Von Bedulu aus 1 km nordwärts gelangt man zum *Museum Gedong Arca Purbakala Pejeng/Bedulu (nur vormittags geöffnet),* dem archäologischen Museum Balis, zu dessen interessanten Objekten Steinsarkophage aus dem 2. Jh. v. Chr. gehören. Nicht weit davon entfernt liegt der sehenswerte *Pura Kebo Edan,* der »Tempel des verrückten Wasserbüffels«.

**Rimba Reptil** **[121 D3]**
Großer Dschungelpark mit Reptilien wie Komodo-Waranen, Leguanen und Pythons (11 km südlich). Wer zu Hause mit tollen Fotos angeben will, ist hier richtig. *Tgl. 9–18 Uhr, Eintritt 75 000 Rp. (mit Taman Burung 113 000 Rp.), Jl. Serma Cok Ngurah Gambir, Singapadu*

**Taman Burung** **[121 D3]**
Gleich in der Nachbarschaft des Reptilienparks sind 1000 Vogelarten zu sehen. *Tgl. 8–18 Uhr, Eintritt 75 000 Rp. (zusammen mit Rimba Reptil 113 000 Rp.), Jl. Serma Cok Ngurah Gambir, Singapadu*

**Tirtha Empul** **[121 E1]**
1 km von Tampaksiring entfernt befinden sich die heiligen Quellen mit dem Quelltempel Tirtha Empul. Das Herz des Tempels ist ein Quellsee, dessen Wasser magische Heilkraft haben soll. Hierher pilgern viele Balinesen, um zu opfern und sich in den Badebecken (links für die Männer, rechts für die Frauen) einer rituellen Waschung zu unterziehen. Der Tempel, der schon 962 gebaut wurde, gehört zu den sechs hochheiligen der Insel und ist wunderschön. Oberhalb des Tempels ließ sich Präsident Sukarno, dessen Mutter Balinesin war, einen Palast bauen. Damit, so heißt es, habe er die Götter herausgefordert, weil er sich auf diese Weise über sie stellte.

**Yeh Pulu** **[121 E2]**
Nur 2 km östlich von Ubud können Sie die Felsenreliefs von Yeh Pulu aus dem 14. Jh. besichtigen, die erst 1925 wieder entdeckt wurden. Die Abbildungen des etwa 27 mal 2 m großen Reliefs konnten bis heute nicht gedeutet werden.

# Balis kleine Schwester

## Weißsandige Buchten, riesige Korallengärten und ein mächtiges Vulkanmassiv

Lombok sei wie Bali, aber ohne Touristen, wird immer wieder behauptet. Aber das wäre zu einfach: Lombok ist stiller und ursprünglicher als Bali. Auf den Straßen sieht man noch die Cidomos, einspännige Pferdewagen. Alles scheint hier langsamer zu gehen. Lombok – der Name bedeutet »Chili-Pfeffer« – ist von seiner Nachbarinsel Bali durch eine 35 km breite und sehr tiefe Meerenge getrennt. Die Hälfte der Insel wird von dem gewaltigen Vulkan Gunung Rinjani (3726 m) beherrscht. Im Westen und Süden reihen sich weiße Strände wie Perlen aneinander. Wer tropisches Badevergnügen und das Abenteuer des Bergsteigens sucht, hat seine Trauminsel gefunden.

Die wenigen Tempel auf Lombok sind sparsamer und karger ausgestattet als auf Bali. Sie liegen im Westen der Insel, wo sich fast alle Sehenswürdigkeiten befinden. Ein besonderes Ziel sind die drei Koralleninseln vor Lomboks Westküste: Gili Air, Gili Meno und Gili Terawangan, tropische Paradiese zum Baden, Schnorcheln, Surfen und Tauchen. Der Tourismus auf Lombok konzentriert sich bis jetzt auf wenige Orte, allen voran die Senggigi-Bucht. Doch auch die Gilis ziehen viele Besucher an, und der Süden mit Kuta entwickelt sich zum neuen Ferienzentrum.

*Palmengesäumter Strand und türkisblaues Wasser: Senggigi Beach*

Die drei zusammengewachsenen Städte Ampenan, Mataram und Cakranegara bilden das quirlige Zentrum Lomboks. Über etwa 8 km erstrecken sich die Orte an einer von der Westküste landeinwärts ziehenden Straße. Fast 250 000 Menschen leben in Lomboks »Metropole«, rund 10 Prozent der Inselbewohner. Die Mehrheit der fast 2,5 Mio. Einwohner Lomboks, die Sasaks, sind Moslems. Sie leben zum überwiegenden Teil in Dörfern. Etwa 30 Prozent der Sasaks hängen dem Wetu-Telu-Glauben an, einer islamischen Religion, die ihre Wurzeln im Animismus hat. Nur schätzungsweise 10 Prozent der Bewohner Lomboks sind heute noch Hindus.

Im 14. Jh. gehörte Lombok zum hindu-javanischen Majapahit-Reich. In der ersten Hälfte des 16. Jhs. hielt der Islam Einzug auf der Insel. Seither war sie ein Streitobjekt zwischen dem balinesischen Karangasem-Reich und den Fürsten von Makassar (heute: Ujung Pandang)

*Auf Lombok gibt es noch einsame Strände, wie hier an der Westküste*

auf Sulawesi. 1740 kam der Westen unter den Einfluss des Karangasem-Reiches, balinesische Kultur wirkte auf diesen Teil der Insel ein, während der Osten unter islamischen Einfluss geriet. 1849 gelang es den Karangasem-Fürsten, die ganze Insel in ihren Machtbereich zu bringen. Dem wurde aber mit der Eroberung der Insel durch die Holländer 1894 ein Ende bereitet. Die Sasaks unterstützten die Holländer, um sich von den Balinesen zu befreien. Mataram, das unter der balinesischen Herrschaft zu einer blühenden Stadt geworden war, wurde bis auf den Grund niedergebrannt.

## AMPENAN, MATARAM, CAKRANEGARA

**[122 B–C3]** Ampenan war ehemals als Hafenstadt ein wichtiger Stützpunkt für den Handel der Holländer. Heute laufen nur noch Segelboote ein. Von den drei Städten hat Ampenan mit seinen schmalen Gassen und den alten Gebäuden im kolonialen Kern, aber auch mit dem chinesischen und arabischen Viertel, den größten Charme. Hier fließt der Jangkok ins Meer, in der Mündung liegen Hunderte von kleinen Segelbooten, die am Nachmittag zum Fischen aufs Meer fahren. Bei klarer Sicht kann man Balis Gunung Agung im Hintergrund erkennen. Mataram, die Verwaltungshauptstadt der östlichen Nusa-Tenggara-Inseln, ist geprägt von tristen Bürogebäuden und Banken. Cakranegara ist die einstige Königsresidenz der balinesischen Eroberer und heute Hauptort der auf Lombok lebenden Chinesen. Es wird auch kurz Cakra genannt und hat sich zum lebendigen Marktflecken des Städtegebildes entwickelt. Um den Nationalfeiertag am 17. August finden in der Stadt die traditionellen Perisean-Wettkämpfe statt, die früher als Übung für die jungen Sasak-Krieger dienten.

## SEHENSWERTES

**Chinesischer Friedhof**
Zwischen Meer und Straße auf dem Weg von Ampenan nach Senggigi liegt dieser Friedhof mit seinen bunten Grabmälern und zeigt den Wohlstand der hauptsächlich in Ampenan und Cakra lebenden Chinesen. Viele von ihnen fielen den Massakern von 1965 zum Opfer, da sie verdächtigt wurden, kommunistische Sympathisanten zu sein.

Insider Tipp **Mayura**
Der Palast von Mayura in Cakranegara gehörte zum balinesischen Königreich Lombok. Heute stehen in Mayura lediglich die Reste eines Wasserpalastes von 1744. In der Mitte eines Lotosteiches befindet sich eine offene Halle, die *Bale Kambang*. Früher war sie Gerichtshalle und Versammlungsort für den Adel. *Jl. Gelaparang*

In Mayura fand Ende des 19. Jhs. eine entscheidende Schlacht zwischen Balinesen und Holländern statt, die zu Gunsten der Invasoren ausging.

**Pura Meru**
Gegenüber dem Garten Mayura in Cakranegara liegt der größte Tempel Lomboks. 1720 wurde er errichtet und der Dreiheit der Götter Brahma, Vishnu und Shiva geweiht. Der Komplex besteht aus drei Höfen und enthält 30 Schreine. Leider verfällt der Tempel.

**Pura Segara**
Auf dem Weg von Ampenan Richtung Senggigi stoßen Sie kurz vor

## MARCO POLO Highlights »Lombok«

★ **Narmada**
Ein idyllischer Ort vom Beginn des 19. Jhs. mit Sommerpalast und Badepools (Seite 75)

★ **Suranadi**
Ort am Fuße des Rinjani-Massivs, mit angenehmem Klima und dem ältesten Hindutempel Lomboks (Seite 76)

★ **Gili Air, Gili Meno, Gili Terawangan**
Auf diesen kleinen, ruhigen Inseln kann man vom Trubel der Welt abschalten (Seite 76)

★ **Kuta**
Die weißsandigen Strände im Süden der Insel sind noch relativ unberührt (Seite 78)

★ **Sasak-Dörfer**
Die Dörfer der Sasaks mit ihren Reisspeichern, den Lumbung, können Sie im Süden Lomboks besichtigen (Seite 79)

★ **Gunung Rinjani**
Für erfahrene Bergsteiger ist der Aufstieg auf den 3726 m hohen Vulkan ein einzigartiges Erlebnis (Seite 82)

dem chinesischen Friedhof auf diesen typisch balinesischen Tempel. Er liegt am Strand und ist malerisch von vielen kleinen Booten umlagert.

## MUSEUM

**Museum Nusa Tenggara Barat**
Die Höhepunkte in diesem Museum sind die Kris-(Dolch-)Sammlung und die Kostümsammlung. Außerdem erhalten Sie einen guten Überblick über die Geschichte der Insel, die an Hand von Dokumenten, zahlreichen Waffen und Werkzeug dargestellt wird. *Di–Do 8–14, Fr 8–10.30, Sa/So 8–12 Uhr, Jl. Panji Tilarnegara, Mataram*

## ESSEN & TRINKEN

In Ampenan, Mataram und Cakranegara gibt es viele kleine Restaurants, die noch nicht so touristisch angepasst sind wie die auf Bali. Zu empfehlen sind die chinesischen Lokale. Sasak-Küche bekommen Sie im *Al Azhar (im Einkaufszentrum Pusat Pertokoan Mataram Plaza, Jl. Pejanggik (€)* und im *Deny Bersaudara (Jl. Pelikan 6, €)*.

## EINKAUFEN

Die Hauptgeschäftsstraßen in Ampenan sind die *Jl. Yos Sudarso* und *Jl. Niaga*.

**Gunung Sari**
Nördlich von Mataram findet täglich ein Markt statt, auf dem auch kunstgewerbliche Gegenstände aus Bambus, Leder, Horn, Knochen und Holz verkauft werden. Die Preise sind viel niedriger als in den »Art-Shops«.

**Lombok Asli** Insider Tipp
Das Geschäft führt ein erlesenes Angebot: Seidenkleidung im Sasak-Design und Kunsthandwerk von höchster Qualität. *Jl. Gunung Kerinci 36, in der Nähe der Universität von Mataram*

**Lombok Pottery Center**
Die Töpferei führt eine große Auswahl aller Produkte, die auf der Insel hergestellt werden. *Jl. Majapahit 7, Ampenan*

**Rinjani**
Große Weberei mit Verkaufsraum. *Jl. Pejanggik 44–46*

## ÜBERNACHTEN

**Granada Hotel**
Umgeben von einem tropischen Garten und mit Swimmingpool – das Granada ist das »luxuriöseste« Hotel innerhalb des Städtekonglomerats. *100 Zi., Jl. Bung Karno, Mataram, Tel. 0370/63 23 94, Fax 63 60 15, €*

**Sayung Cottages**
Die Bungalows liegen in einem schönen Garten. *25 Zi., Jl. Bung Karno, Mataram, Tel./Fax 0370/62 53 78, €*

## AUSKUNFT

**Regional Tourism Office (DIPARDA)**
*Jl. Langko 70, Ampenan, Tel. 0370/63 17 30, 63 18 66*

**Perma Tours & Travel**
Verschiedene Exkursionen sowie Vermietung von Autos, Motorrädern und Fahrrädern. *Jl. Pejanggik 66, Mataram*

## ZIELE IN DER UMGEBUNG

**Gunung Pengsong** [122 B4]
6 km südlich von Mataram steht auf einem Hügel ein kleiner balinesischer Tempel, in dem viele Affen wohnen. Man hat bei klarer Sicht einen herrlichen Blick auf den Gunung Agung und den Gunung Rinjani über Reisfelder hinweg. Im Frühjahr wird hier als Dank für eine gute Ernte ein Wasserbüffel während einer Zeremonie geopfert.

**Labuhan Lembar** [122 B4]
20 km südwestlich des Städtegebildes liegt Lomboks wichtigster Fährhafen. Von hier kann man sich mit dem Boot zur *Gili Nanggu* übersetzen lassen, einer kleinen Insel mit malerischem Strand und Bungalow-Unterkunft. Nur Schnorcheln ist hier kein Spaß, da das Riff durch die Dynamitfischerei völlig zerstört ist. Surfer lassen sich mit einem Boot nach *Bangko Bangko* (die Spitze der Halbinsel Batugendeng) bringen. Von Lembar können Sie auch zu Lande die Halbinsel Batugendeng erkunden, die touristisch noch nicht erschlossen ist. Hier erstreckt sich ein 100 $km^2$ großer Urwald. Ganz im Süden, in *Sepi* und *Blongas*, sind Schnorcheln und Tauchen ein Vergnügen. Unterkunft in Gili Nanggu: *Gili Nanggu Cottages, 10 Zi., Reservierung: Jl. Tumpang Sari 29, Cakra, Tel. 0370/62 28 98, €*

**Labuhan Lombok** [123 F3]
Labuhan Lombok, in 75 km Entfernung im Osten der Insel gelegen, ist der Fährhafen nach Sumbawa – die Stelzenhäuser im Sumbawa-Stil weisen darauf hin. Interessant ist es, von Labuhan Lombok in nördlicher Richtung nach *Sambelia* zu fahren. Man durchquert einen Wald mit riesigen Blattwurzelbäumen. Vom Dorf *Labuhan Pandan* aus setzen Fischerboote auf eine der kleinen Inseln über. Hier, an den einsamen weißen Stränden, können Sie sich wie Robinson fühlen. Vergessen Sie nicht, Proviant mitzunehmen!

**Lingsar** [122 C3]
Große Tempelanlage, 7 km östlich von Cakra in Richtung Narmada gelegen, leider in vernachlässigtem Zustand. Sie gilt als heilig und ist gleichzeitig Tempel für Hindus und Anhänger der Wetu-Telu-Religion. Anhänger beider Glaubensrichtungen halten hier ihre Zeremonien ab. Der Hauptkomplex wurde 1714 erbaut. In einem Bassin schwimmen heilige Aale.

**Narmada** [122 C3]
★ Ein idyllisches Plätzchen schufen zu Beginn des 19. Jhs. die balinesischen Fürsten: einen Sommerpalast in einem terrassenartig angelegten Garten mit verschiedenen Badebecken und See. Die Anlage ist dem Segara-Anak-See des Rinjani-Massivs nachempfunden. Der Raja von Mataram ließ sie 1805 anlegen, als er zu alt war, um am heiligen See Opfer darzubringen. Der Tempel *Pura Kalasa* ist dem Gott Shiva geweiht. Die 10 km von Mataram entfernte Anlage ist öffentlich zugänglich und wird von den Städtern als Naherholungsgebiet zum Baden und Bootfahren genutzt.

**Sukarara** [122 C4]
Der 18 km von Mataram entfernte kleine Ort ist das Zentrum der Weber. Hier werden Stoffe direkt verkauft.

**Sumbawa** **[123 F4–6]**
Nur durch eine 15 km breite Meerenge ist Sumbawa von Lombok getrennt. Fährschiffe legen in Labuhan Lombok ab. Sumbawa ist touristisch noch kaum erschlossen, obwohl die Insel größer ist als Bali und Lombok zusammen. Im Südwesten locken weiße Sandstrände und für ambitionierte Bergsteiger der Aufstieg auf den *Tambora* (2859 m), einen tätigen Vulkan. In *Sumbar Besar* lohnt sich ein Besuch im alten Sultanspalast.

**Suranadi** **[122 C3]**
★ Ein kleiner, 20 km von Mataram entfernter Ort am Fuße des Vulkanmassivs Rinjani mit angenehmem Klima (nur 20–25 Grad) und einer schönen Umgebung zum Wandern. Der älteste und einer der heiligen Hindutempel Lomboks, *Pura Suranadi,* wurde hier um eine heilige Quelle gebaut, in der heilige Aale leben. Gegenüber vom Tempel liegt das kolonialzeitliche *Hotel Suranadi (24 Zi., Tel. 0370/63 36 86, Fax 63 56 30, €),* das durch moderne Bungalows erweitert wurde. Ein Bassin mit Quellwasser lädt zum Baden ein. Etwa 1 km entfernt liegt ein 9-Loch-Golfplatz.

**Tete Batu** **[123 D3]**
Dieser kleine Ort, 55 km von Mataram entfernt am Fuße des Rinjani gelegen und umgeben von Wald und Reisfeldern, hält ein wunderschönes Panorama bereit. Hier ist es kühler als am Meer, weshalb Tete Batu sich als Ausgangspunkt für Wanderungen eignet. Hinter dem Ort beginnt ein Urwald, in dem schwarze und weiße Affen, Hirsche und Stachelschweine leben. Einen schönen Wasserfall, *Kembang Kuning,* können Sie östlich von Tete Batu sehen.

Unterkunft finden Sie im *Hotel Soedjono (13 Zi., kein Tel., €)* am Ende des Dorfes. Ausgangspunkt für dieses kleine Hotel war ein Gästehaus, das von den Holländern in den 1920er-Jahren errichtet wurde. Es bietet einen wunderbaren Ausblick und hat einen Pool. Insider Tipp

## Gili Air, Gili Meno, Gili Terawangan

**[122 B2]** ★ Diese drei kleinen Inseln (Gili ist in der Sasak-Sprache das Wort für Insel), die der Westküste vorgelagert sind, haben weiße Sandstrände, Korallenriffe, glasklares Wasser und absolute Ruhe. Sie sind so, wie man sich einsame Tropeninseln vorstellt. Es gibt einige sehr einfache Losmen, die meisten mit drei Mahlzeiten pro Tag. Motorisierte Auslegerboote fahren von Bangsal ab. Doch die Naturschönheit ist bedroht: Einige Korallenriffe sind durch das Dynamitfischen zerstört. Auch das Ankern der Boote sowie die Souvenirsucht der Taucher beschädigen das Riff.

*Gili Air* ist die Insel, die Lombok am nächsten liegt. Sie ist mit 1000 Einwohnern am dichtesten besiedelt und gilt als die schönste der Inseln. Einziges Transportmittel auf Gili Air sind die Cidomos (Pferdewagen).

*Gili Meno* ist die kleinste und beschaulichste der drei Inseln. Trotzdem gibt es hier das einzige kleine Hotel. Im Westen befindet sich ein Salzsee, aus dem in der Trockenzeit Salz gewonnen wird.

Alle Losmen und das Hotel liegen an der Ostküste mit Blick auf den Gunung Rinjani.

*Gili Terawangan* war vor hundert Jahren für kurze Zeit Gefangeneninsel. Da alle anderen Gefängnisse überfüllt waren, verbannte der Raja 350 Sasak-Rebellen auf die Insel. Besiedelt wurde Gili Terawangan erst in den 1970er-Jahren von Einwohnern aus Sulawesi. In vier Stunden kann man die größte der drei Inseln umwandern. Anfang der 1990er-Jahre hatte eine japanische Hotelkette geplant, alle Losmen hier abzubauen, um ein Luxusresort mit Golfplatz zu bauen. Das Projekt ist gescheitert, doch trotzdem gilt Terawangan als »Partyinsel«, denn hier ist am meisten los (auch Diskotheken).

Wichtig für alle drei Inseln sind Moskitonetze, Antimückenmittel und Malariaprophylaxe – die Malariagefahr ist extrem hoch!

## ÜBERNACHTEN

**Gazebo Hotel**
Auf Gili Meno: Bungalows im balinesischen Stil mit Aircondition. *50 Zi., Tel. 0370/63 57 95, €€*

**Gili Indah**
Ganz im Süden von Gili Air liegen diese 35 Bungalows. Die Anlage hat ein Telefon, mit dem man ins Ausland telefonieren kann – immer noch eine Seltenheit auf der Insel. *Tel. 0370/63 63 41, Fax 63 73 28, €*

**Hans Bungalows** Insider Tipp
Die Anlage direkt an der Nordspitze von Gili Air gilt als die beste Unterkunft auf der Insel. Swimmingpool und Tennisplätze. *29 Zi., kein Tel., €–€€*

**Hotel Villa Ombak**
Auf Gili Terawangan, in einer Gartenanlage, befinden sich diese schö-

*Häuser auf Gili Air, einer der drei kleinen Inseln vor Lomboks Westküste*

nen Bungalows im Lumbung-Stil (Lumbung heißen die traditionellen Reisspeicher der Sasaks). *36 Zi., Tel. 0370/64 23 36, www.balitravelshop.com, €*

**Zoraya Beach Resort**
Am Oststrand von Gili Meno gelegen, mit Tennisplatz. *10 Zi., Tel. 0370/63 38 01, €*

## KUTA

[122 C5] ★ Im Gegensatz zu Balis Kuta ist dies ein kleines Fischerdorf an einem einsamen, weißsandigen Strand, der sich kilometerweit nach Westen und Osten erstreckt, allerdings ohne Schatten spendende Bäume. Lange sah man hier nur Fischer und ganz selten Touristen, aber das ändert sich: Für die nächsten Jahre ist der Bau mehrerer internationaler Hotels geplant. Den Anfang machte die Hotelkette Novotel. Durch die politische Krise könnten weitere Hotelbauten verzögert werden. Einige kleine Losmen bieten billige Unterkunft.

Einmal im Jahr findet am Strand von Kuta ein wichtiges Sasak-Fest statt: *Bau Nyale*. In dieser Nacht wird der Nyale-Wurm gesucht. Der Legende nach soll sich hier eine wunderschöne Prinzessin ins Wasser gestürzt haben, denn zu viele Männer hielten um ihre Hand an, und sie konnte sich für keinen von ihnen entscheiden. Ihr Haar verwandelte sich in Meerwürmer.

### ESSEN & TRINKEN ÜBERNACHTEN

Alle Hotels und Losmen haben ein kleines Restaurant.

**Anda Cottages**
Der Pionier des Tourismus in Kuta ist nach wie vor gut und billig. Die Bungalows liegen in einem großzügigen Garten. *18 Zi., Tel. 0370/65 48 36, €*

**Kuta Indah Hotel**
Am westlichen Ortsrand liegt dieses Hotel mit großen Bungalows und Pool. *35 Zi., Tel. 0370/65 37 81, Fax 65 46 28, €–€€*

**Matahari Inn**
Nicht direkt am Strand, aber sehr gut von Schweizern geführtes kleines Hotel. *23 Zi., Tel. 0370/65 48 32, Fax 65 49 09, www.indo.com/hotels/matahari, €*

**Novotel Coralia**
Östlich des Ortes liegt das Novotel-Resort im Stil eines Sasak-Dorfes. Der Strand ist sehr gut, der Pool ebenfalls, und für Kinder gibt es ein spezielles Programm. *108 Zi., Tel. 0370/65 33 33, Fax 65 35 55, www.novotel-lombok.com, €€€*

### ZIELE IN DER UMGEBUNG

**Are Goling** [122 C5] Insider Tipp
Wunderbarer, 5 km von Kuta entfernt gelegener Strand und Klippenpanorama. Hier sind einige Hotels in Planung.

**Batu Nampar** [123 D5]
Batu Nampar ist ein Fischerdorf 20 km nordöstlich von Kuta mit traditionellen Häusern. Am Strand kann man Boote mieten, um in die südlich gelegene, einsame Bucht von Awang zu gelangen, oder sich nach Ekas am östlichen Ufer der Bucht übersetzen lassen. Dort finden Surffans ein gutes Gebiet.

**Sasak-Dörfer** [122 C5]

★ Von Kuta aus sind die traditionellen Sasak-Dörfer *Rambitan* und *Sade* zu Fuß zu erreichen. Für die Häuser ist typisch, dass sie aus Lehm und Holz mit Grasdächern gebaut sind. Am interessantesten sind die Lumbung (Reisspeicher) mit tief heruntergezogenen, bauchigen Dächern, die nach oben hin spitz zulaufen, mit Palmenblättern gedeckt und auf Stelzen, die vor Tieren schützen. Dieser unverwechselbare Baustil Lomboks wurde in vielen Bungalowanlagen imitiert. In Sade gibt es einige Webereien.

**Sengkol** [122 C5]

Jeden Donnerstag findet hier, 14 km von Kuta entfernt, ein großer Markt statt, auf dem Frauen in traditionellen Trachten unter anderem schöne Töpfer- und Korbwaren verkaufen.

**Tanjung Aan** [123 D6]

Australische Surfer haben dieses schöne, 10 km von Kuta entfernt gelegene Surfrevier »Desert Point« getauft. Auch zum Schnorcheln ist es gut geeignet.

**Tanjung Luar** [123 E5]

Im Osten der Insel liegt, 50 km von Kuta entfernt, Tanjung Luar. Hier leben überwiegend Einwanderer aus Sulawesi, die Fischfang betreiben. Man kann sich ein Boot chartern, um nach Tanjung Ringgit zu gelangen, der äußersten Ecke der südöstlichen Halbinsel, wo einsame Buchten warten.

*Wie aus dem Märchenbuch sehen die typischen Sasak-Häuser mit ihren grasgedeckten Dächern aus*

# SENGGIGI

**[122 B3]** Senggigi ist das Touristenzentrum Lomboks. Der Strand ist weiß und von Palmen gesäumt, das Wasser klar und bestens zum Schnorcheln geeignet. Auch die Nähe zum Flughafen und zum Fährschiffhafen Lembar haben bei Senggigis Entwicklung zum Touristenort eine entscheidende Rolle gespielt. Noch vor einigen Jahren gab es an diesem Strand nur einige Losmen. Nun haben große Hotels hier ihre Pforten geöffnet, und ähnlich wird die Entwicklung auch in Kuta verlaufen. Senggigi ist ein guter Ausgangsort zur Erkundung der Insel, denn alle Sehenswürdigkeiten Lomboks liegen im Westen. Bei klarer Sicht hat man von Senggigis Bucht aus einen spektakulären Blick auf den heiligen Berg Balis, den Gunung Agung.

## SEHENSWERTES

**Batu Bolong**

Auf einen Felsen am Meer wurde dieser kleine Tempel gebaut, der zu den besonders alten der Insel gehört. Auf einem Strandspaziergang von Senggigi in Richtung Süden ist er in einer halben Stunde zu erreichen. Der Legende nach wurden von diesem Felsen aus einst Jungfrauen den Haien zum Opfer gegeben. Besonders schön sind die Zeremonien der gläubigen Balinesen zu Galungan und Kuningan.

**Batu Layar**

Nicht weit von dem balinesischen Tempel entfernt befindet sich das wichtigste Heiligtum der Wetu-Telu-Anhänger: das Grabmal eines Ulama, eines Heiligen. Dahinter liegt ein bescheidener Moslemfriedhof.

## ESSEN & TRINKEN

**Asmara**

Mitten im Restaurant liegt die Küche, sodass die Köche immer unter Beobachtung stehen, wenn sie gekonnt indonesische und internationale Spezialitäten zubereiten. *Jl. Raya Senggigi, Tel. 0370/69 36 19,* €€

**Basilico**

Das offene Restaurant des Senggigi Beach Hotel mit vielseitiger, vor allem italienischer Küche und Büfettabenden am Pool. *Tel. 0370/ 69 32 10,* €€€

**Caffee Alberto** Insider Tipp

Italienische Küche und gute Fischgerichte. Giuseppe, der Besitzer des Restaurants, organisiert Touren zu Pferd. *In Meninting, nicht weit von Senggigi, Tel. 0370/63 90 39,* €€

**Café Wayan**

Ein Ableger des gleichnamigen Cafés in Ubud, und wie dort sind auch hier die Backwaren besonders köstlich. *Tel. 0370/69 30 98, Jl. Raya Senggigi, Batu Bolong,* €

**Rumah Makan Padang Murah**

Mitten im Ort an der Straße liegt dieser kleine Warung mit bester Padang-Küche. Sehr preiswert. €

## EINKAUFEN

Einen sehr schönen, kleinen Antiquitätenladen finden Sie in Senggigi an der Straße mitten im Ort. Am Strand findet allabendlich kurz vor Sonnenuntergang ein Nachtmarkt statt. Die Händler verkaufen Stoffe, Körbe und Figuren. Tagsüber sind viele fliegende Händler am Strand unterwegs. Im Ort gibt es einen Supermarkt. Nördlich von Senggigi liegt der *Pasarseni,* ein Kunstmarkt mit Produkten aus Lombok.

Insider Tipp

## ÜBERNACHTEN

Senggigi selbst ist zur Hochsaison inzwischen ziemlich voll. Je weiter nördlich Sie fahren, desto schönere Buchten finden Sie.

**Bunga Beach Cottages**
5 km nördlich, in Klui, liegen diese Bungalows im traditionellen Stil. Pool und angenehmes Restaurant mit internationaler Küche. Man kann sich hier eine Hochzeitsfeier nach Sasak-Art ausrichten lassen! *14 Zi., Jl. Raya Klui-Senggigi, Tel. 0370/69 30 35, Fax 69 30 36,* €€

**Mascot Beach Hotel**
Kleine Bungalowanlage im Sasak-Stil, am Senggigi-Strand gelegen. *20 Zi., Jl. Pantai Senggigi, Tel. 0370/69 33 65, Fax 69 32 36,* €

Insider Tipp

**Medana Resort**
Nicht weit von den Gilis (mit einem eigenen Shuttle-Boot zu den Inseln) liegt dieses Resort mit Pool und nur sechs Bungalows. *Jl. Medana, Tel. 0370/62 80 00, Fax 62 81 00, www.lombokmedana.com,* €€

**Pondok Shinta**
Sehr einfacher Losmen am Strand direkt in der Senggigi-Bucht. Extrem billig. *10 Zi., kein Tel.,* €

**Puri Bunga Beach**
Das Puri Bunga Beach liegt auf einem Hügel jenseits der Straße in Senggigi und besitzt einen Pool. *50 Zi., Tel. 0370/69 30 13, Fax 69 32 86,* €€

**Santai Beach Inn**
Bungalows unter Kokospalmen im Sasak-Stil. Es gibt auch eine Villa mit Pool für 100 US-$. *In Mangsit nördlich von Senggigi, 40 Zi., Tel./Fax 0370/69 30 38, www.santaibeachinn.com,* €–€€

**Senggigi Beach Hotel**
Am schönsten Platz von Senggigi gelegen, auf einer Landzunge. Inzwischen ist die Bucht zugebaut, aber immer noch ist dieses Bungalowhotel das schönste am Ort mit seinem großzügigen Palmengarten, Pool und Tennisplatz. *150 Zi., Tel. 0370/69 32 10, Fax 69 32 00, www.indo.com/hotels/senggigibeach,* €€–€€€

Insider Tipp

**Windy Beach Cottages**
Ein schöner Losmen in Mangsit. Sehr romantisch liegen die kleinen Bambushütten in einem Garten. *20 Zi., Tel. 0370/69 31 91, 69 31 92, Fax 69 31 93, www.windybeach.com,* €

## FREIZEIT & SPORT

Nördlich von Senggigi liegt an der Sire Bay der schöne 18-Loch-Platz des *Lombok Golf Kosaido Country Club (www.99bali.com/golf/lombokkosaido).*

## AUSKUNFT

**Lotus Asia Tours**
*Jl. Raya Senggigi, Meninting (nördlich von Senggigi), Tel. 0370/63 67 81, Fax 62 23 44, lombok@lotusasiatours.com*

## ZIELE IN DER UMGEBUNG

**Bayan** **[123 D1]**
Wenn Sie auf der Küstenstraße in Richtung Bayan fahren, lassen Sie kurz hinter *Bangsal* die weißen Strände hinter sich. Der Strand ist nun vulkanisch schwarz, an Reisfeldern, Kokosplantagen und Ziegenherden vorbei führt die Straße nach Norden. Das 80 km von Senggigi entfernte Bayan ist der Stammort der Wetu-Telu-Anhänger, hier steht die mit 300 Jahren älteste Moschee der Insel. Hier befand sich einst das Zentrum eines Königreichs.

**Gondang, Jambianon und Karang Kates** **[122 C2]**
Diese drei kleinen Dörfer liegen am Meer hinter dem etwa 25 km von Senggigi entfernten Pemenang. Die Bewohner leben sehr traditionell. Die Kinder sind so erzogen, dass sie Touristen nicht ansprechen, sondern nur höflich begleiten. Auch die Erwachsenen sind freundlich und zuvorkommend. In Jambianon finden Sie auf einem Hügel mit Blick auf den Gunung Agung den balinesischen Tempel *Pura Medana.* Karang Kates ist ein kleines Fischerdorf, das sein Trinkwasser aus einer 10 m tiefen Süßwasserquelle in Strandnähe bezieht. Von Gondang aus erreichen Sie auf einem wunderschönen Spaziergang den 50 m hohen *Tiu-Pupus-Wasserfall.*

**Gunung Rinjani** **[123 D–E 2–3]**
★ Der 3726 m hohe Vulkan Rinjani, der dritthöchste Berg Indonesiens, bildet den Anfang einer Vulkankette, die sich ostwärts über die ganze Nusa-Tenggara-Inselkette zieht. Der letzte Ausbruch des aktiven Vulkans ereignete sich 1901. In der Mitte des Vulkans befindet sich ein tiefer Kratersee, *Segara Anak.* Halbmondförmig liegt er um den *Gunung Baru.* Bis zu 2000 m Höhe ist der Vulkan mit dichtem Wald bewachsen, in dem Wildschweine, Kakadus, Affen und auch Hirsche leben. Dieses etwa 400 km$^2$ große Gebiet ist seit 1984 Naturreservat.

Die Balinesen Lomboks ziehen einmal im Jahr zum Kratersee und werfen goldene Fischfiguren als Opfergaben in den See, weil sie glauben, dass hier ein entscheidender Kampf der Feinde aus dem Mahabharata-Epos stattgefunden habe. Die Sasaks suchen zum Jahrestag Mohammeds die heißen Quellen zur rituellen Reinigung auf. Sowohl Balinesen als auch Sasaks verehren diesen Berg als heilig. Bei Vollmond ist seine Anziehungskraft auf die Gläubigen besonders groß.

Für erfahrene Bergsteiger ist das Erklimmen des Rinjani ein Muss. Der Blick vom Kraterrand in die Kaldera und über die Insel, bei klarer Sicht auch gen Osten nach Sumbawa und gen Westen zum Gunung Agung, ist spektakulär. Man kann den Vulkan von *Sembalun Lawang* (100 km von Senggigi) im Osten oder von *Senaru* (90 km von Senggigi) im Norden besteigen. Die Gegend östlich des Vulkanmassivs ist sehr fruchtbar. So gelten die Dörfer Sembalun Lawang und *Sembalun Bumbung* als Lomboks wohlhabendste und als Knoblauchzentrum. Am häufigsten wird der Aufstieg von Senaru aus gewählt. Es gibt hier Führer und Träger, denn der ganze Ort lebt davon, die Touristen auf dieses wunderbare Massiv zu befördern. Auf keinen Fall sollten Sie die Tour ohne Führer unternehmen. In einigen einfa-

*Der Aufstieg auf den Gunung Rinjani ist mühevoll, der Ausblick großartig*

chen Losmen findet man Unterkunft, denn will man bei Sonnenaufgang aufbrechen, muss man hier übernachten. Insgesamt sollten Sie vier Tage für die Tour einplanen. Der Aufstieg ist mühsam und nicht ungefährlich, deshalb wirklich nur für geübte Kletterer zu empfehlen.

Von Senaru zum Kratersee gibt es Markierungen von 1 bis 200. Am Pos II (Markierung 114) kann man übernachten, Pos III (185) liegt anderthalb Stunden weiter auf 2100 m Höhe. Von hier wandern Sie oberhalb der Baumgrenze auf grasbewachsenen Hängen bis zum Kraterrand. Genießen Sie den Ausblick, bevor Sie etwa drei Stunden bergab zum See Segara Anak gehen. Am Kratersee gibt es einen Campingplatz. An seiner breitesten Stelle ist der See 3 km breit, und er soll 250 m tief sein. Die heißen Quellen am See haben heilende und entspannende Wirkung. Einige wenige, ganz aktive Bergsteiger wagen auch den Aufstieg zum Gipfel des Rinjani. Dafür muss man etwa sieben Stunden bergauf und fünf Stunden bergab rechnen. Weniger anstrengend ist die Besteigung des kleineren, aktiven Vulkans Gunung Baru, der auf einer Halbinsel im See steht. Wer von den Quellen nach Senaru zurückkehrt, muss etwa acht bis zehn Stunden einplanen.

Man sollte das Massiv nur während der Trockenzeit besteigen und auf keinen Fall während der Regenzeit – also zwischen Oktober und April – einen Abstieg zum See wagen. Es ist lebensgefährlich!

**Pusuk-Pass** **[122 B3]**

Möchten Sie von Senggigi nach Bangsal fahren, so bietet sich als Alternativroute zur Küstenstraße die Fahrt über den 10 km von Senggigi entfernt gelegenen Pusuk-Pass an. Affenherden hocken am Straßenrand. Vom Pass aus – hier gibt es ein Restaurant und einen Losmen – haben Sie einen wunderbaren Blick aufs Meer und die Gilis.

# Heiligtümer, Himmelstreppen und Künstlerkolonien

**Die Touren sind in der Karte auf dem hinteren Umschlag und im Reiseatlas ab Seite 114 grün markiert**

## 1 VON CANDI DASA ZUM TEMPELHEILIGTUM PURA BESAKIH

**Durch den touristisch noch wenig erschlossenen Osten Balis führt diese Tour durch das ehemalige mächtige Fürstentum Karangasem zum Fuß des Gunung Agung mit dem heiligsten Tempel der Balinesen, Pura Besakih. Die Fahrt dorthin und zurück geht über wenig befahrene Straßen, die durch die schönsten Reisterrassen des östlichen Balis führen. Die Fahrzeit für diesen Ausflug beträgt rund eine Stunde pro Strecke.**

In *Candi Dasa (S. 35)* beginnt die Tour Richtung Amlapura durch eine hügelige grüne Landschaft. Nach rechts wird der Blick oftmals frei auf das Meer und die 35 km breite Lombok-Straße, die Bali von der Nachbarinsel trennt.

*Amlapura (S. 30)* hieß bis 1963 Karangasem und war eines der mächtigsten Fürstentümer der Insel. Als 1963 der *Gunung Agung (S. 38)* ausbrach, verwüsteten die Lavamassen ganz Ostbali und zerstörten auch viele Gebäude in Amlapura. Doch auf dem Weg zum Besakih wird der Ort nicht angesteuert: Kurz davor nehmen Sie die Abzweigung über Bebandem und Selat nach Rendang. Es beginnt eine wunderschöne Bergstrecke. In *Bebandem* findet alle drei Tage ein riesiger Markt statt, auf dem nicht nur Gemüse und Obst verkauft werden, sondern auch mit Vieh gehandelt wird. *Sibetan,* der nächste Ort, ist das Zentrum eines großen Obstanbaugebietes: Mango, Rambutan, Salak und Durian gedeihen hier prächtig, denn der mineralhaltige Ascheregen des Vulkans fördert die Fruchtbarkeit des Bodens. Im Nachbarort *Putung* sollten Sie in der *Putung Bar and Restoran* eine Rast einlegen, denn von der Terrasse des Lokals hat man einen phantastischen Ausblick über Berghänge und Palmenhaine auf die Ostküste der Insel. Bei guter Sicht können Sie sogar den Gunung Rinjani auf Lombok erkennen.

Insider Tipp

Insider Tipp

*Alte Palastgebäude in Amlapura*

Die Straße schlängelt sich weiter am Hang des Gunung Agung entlang bis nach *Selat,* das bei dem Ausbruch des Vulkans auf wundersame Weise verschont blieb. Von Selat führt eine kleine Straße zu dem Dorf *Sebudi,* von wo aus eine Besteigung des Vulkans (Dauer etwa sechs Stunden) möglich ist.

7 km vor dem Besakih gelangen Sie in *Rendang* auf die Straße, die zum Batur-See im Norden führt. Wer vorhat, den Besakih zu besteigen, kann in Rendang im Losmen Insider Tipp *Arca Valley Inn (€€)* unterkommen. Wenn Sie einen freien Blick auf den Gunung Agung haben wollen, müssen Sie sehr früh am Morgen die Reise beginnen, denn etwa ab 11 Uhr pflegt sich der Gipfel in dunstige Wolken zu hüllen. Mittags ist dann meist nur der untere Teil des Berges sichtbar.

Kurz hinter Rendang, in *Menanga,* führt eine kleine Straße zum *Besakih (S. 37).* Wer einen ruhigen, beschaulichen Ort erwartet, liegt falsch, denn vor dem Tempelgelände haben sich Reihen von Händlern neben Bussen und Bemos aufgebaut. Über eine Vielzahl von Terrassen erstreckt sich der »Muttertempel«, in dem sich 30 Tempel und Schreine befinden, die durch Treppenfluchten miteinander verbunden sind. Sollte die Sicht klar sein, können Sie einen wunderbaren Ausblick weit über die Reisterrassen nach Kuta genießen.

Auf dem Rückweg biegen Sie wieder in Rendang ab auf die Straße, auf der Sie gekommen sind, nehmen jedoch kurz hinter Selat die Abzweigung über Iseh und Sidemen nach Klungkung. Die schmale, mit Schlaglöchern übersäte Straße führt vorerst durch Bambuswälder und Palmenhaine, bis sich rechts und links der Straße die prachtvollsten und mächtigsten Reisterrassen in Balis Osten offenbaren. Mittendrin liegt *Iseh,* ein wunderschöner Ort, wo sich in den 1930er-Jahren der deutsche Maler Walter Spies ein Haus baute, das nach seinem Tod der Schweizer Maler Theo Meier bewohnte.

Etwa 5 km weiter südlich erreichen Sie – nach vielen imposanten Reisterrassen – den Ort *Sidemen.* Hier können Sie in der Weberei Pelangi die Stoffe eines hervorragenden Ikat-Designers bewundern. Wer noch nicht genug hat von dem Blick auf die Reisterrassen, kann in dem Homestay des Ortes, Insider Tipp *Subak Tabola Inn (nur mit Vollpension und nicht gerade billig, €€)* übernachten. Richtung Küste schlängelt sich die Straße durch vom Tourismus unberührte Dörfer mit verwunschenen Tempeln und Höfen.

Kurz vor *Klungkung (S. 40)* liegt das Dorf *Paksebali,* in dem Tempelschirme hergestellt werden (ein schönes Souvenir für den heimischen Balkon!).

Über *Kusamba,* einen Fischerort am Meer – bekannt wegen des schwarzen Strandes, an dem Salz gewonnen wird –, geht der Ausflug die Küstenstraße nach Candi Dasa entlang seinem Ende zu.

## 2 IN DIE REISKAMMER VON ZENTRALBALI

**Der Reis hat die Insel Bali und ihre Menschen geprägt. Unternehmen Sie mit einem Jeep (!) eine »Reise in den Reis«: Von Kuta aus fahren Sie zuerst ins Subak-Museum nach Tabanan, bevor es**

*Jedes einzelne Reispflänzchen muss mühsam von Hand gesetzt werden*

**weitergeht über die heißen Quellen Yeh Panas (vergessen Sie nicht Ihre Badekleidung!) zum Gunung Batukau, dem zweithöchsten Berg Balis. Nach der Besichtigung des gleichnamigen Tempels führt die Tour durch die schönsten Reisterrassen, die »Himmelstreppen«. Für diesen Ausflug sollten Sie sich schon einen Tag Zeit nehmen.**

*Kuta (S. 42)* verlassen Sie über *Kerobokan* in Richtung *Tabanan (S. 51)*. Die Umgebung der Stadt ist ausschließlich Reisanbaugebiet. Deshalb ist es kein Zufall, dass hier ein Museum zu diesem Thema steht: Kurz vor dem Ort, linker Hand, finden Sie das *Subak-Museum (Mo–Do und Sa 9–15, Fr nur 8–11 Uhr)*, in dem erklärt wird, wie der Reisanbau und die Organisation der Reisbauern *(subak)* funktionieren. Im Ort zeigen Wegweiser in Richtung Yeh Panas und *Wansari* (auch: *Wanasari*). In Wansari werden viele Arten von Schmetterlingen gezüchtet (folgen Sie der Ausschilderung *Taman Kupu Kupu*). Etwa eine Viertelstunde weiter nördlich passieren Sie den Ort *Penatahan* mit den heißen Quellen *Yeh Panas (S. 51)*.

Durch bunt geschmückte Dörfer steigt die Straße bergan zum *Gunung Batukau* (2276 m). Er ist der westlichste von Balis Vulkanen und beherrscht diese Landschaft. Ab dem Dorf *Wongaya (Wangayagede)* durchfährt man einen Urwald – bis zum Gipfel ist der Berg mit Dschungelpflanzen bewachsen. Der Wald des Batukau ist neben dem Nationalpark das einzige Wildgebiet der dicht besiedelten Insel.

Auf 825 m Höhe thront der *Pura Luhur Batukau* wildromantisch im Dschungel. Er zählt zu den sechs Nationalheiligtümern der Balinesen und galt als Tempel für die Vorfahren des Tabanan-Hofes. Der höchste, siebenstöckige Meru (Götterschrein mit Dächern) ist Di Made geweiht, dem Herrscher von Gelgel (1665–86). Das Candi Bentar (gespaltene Tor) zum Tempelhof ist mit kunstvollen Reliefs geschmückt. Der Teich neben dem Tempel wird vom Wasser des Flusses Aa gespeist, der vom Berg südwärts fließt. In seiner Mitte stehen zwei Pavillons, die den Göttern des Batukau und des Tamblingan-Sees geweiht sind.

Auf dem Rückweg vom Tempel sollten Sie in *Wongaya (Wangayagede)* links, in Richtung *Jatiluwih,* abbiegen. Die Straße ist schlecht, aber mit dem Jeep durchaus befahrbar. Sie werden mit einem wunderbaren Ausblick auf die schönsten Reisterrassen im Westen Balis belohnt. Bei klarer Sicht blicken Sie bis zum Meer. In dieser Panoramalandschaft ist es möglich, noch wirklich einsame Wanderungen zu unternehmen.

In *Sengananankangin* biegen Sie Richtung Süden und Tabanan ab. Nach ein paar Kilometern gelangen Sie in den Ort *Penebel.* Wer ein paar Tage oder Stunden länger diese wunderschöne Landschaft genießen möchte, um zu wandern, kann hier eine Unterkunft finden *(Taman Sari Bungalows, €).*

Die Straße führt zurück nach Tabanan, wo Sie den Wegweisern Richtung Denpasar vorerst folgen, bis links die Hauptstraße in Richtung Singaraja abzweigt, der Sie bis *Mengwi (S. 50)* folgen. In Mengwi befindet sich der *Pura Taman Ayu,* der zweitgrößte Tempelkomplex auf Bali. Im Restaurant *Water Garden (am Tempel, €)* können Sie den Ausflug ausklingen lassen, bevor Sie nach Kuta zurückkehren.

## 3 VOM KUNSTHANDWERK ZUR KUNST

**Die Hauptroute vom Süden der Insel in das Herzstück Balis führt Sie von Denpasar, Sanur, Nusa Dua oder Kuta in die Künstlerkolonie Ubud. Die Fahrt ist ein besonderes Vergnügen für alle Käufer und Sammler von Kunst und Kunsthandwerk, denn sie führt in die Hochburg des künstlerischen Schaffens der Balinesen. Je nach Schaulust sind Sie zwei bis vier Stunden unterwegs.**

Die erste Station auf der Route ist der Ort *Batubulan (S. 59).* Um 9.30 Uhr jeden Morgen wird hier der berühmte Barong-Tanz aufgeführt – ein guter Auftakt für diesen Ausflug. Das Dorf ist berühmt für seine Steinmetzen, und wer schon immer mal einen Wächterdämon vor seine Haustür stellen wollte, bekommt ihn hier. Auch echte und falsche Antiquitäten vom »alten« chinesischen Bett mit Baldachin über reich verzierte Schränke bis zu Bänken und Stühlen aus Teakholz werden in den Läden am Straßenrand dargeboten.

Der nächste, nordöstlich gelegene Ort auf der Strecke ist *Celuk (S. 60)*, wo die Silber- und Goldschmiede der Insel ihr Handwerk ausüben. In jedem Laden wird gehämmert, geklopft und poliert, hauptsächlich für den Export. Zum Kaufen finden Sie in Ubud günstigere Angebote, aber zum Schauen ist es hier interessant.

3 km weiter kommen Sie nach *Sukawati*. Traditionell siedelten hier viele chinesische Händler, sodass sich der Ort zu einem lebhaften Marktflecken entwickelt hat. Neben Korbwaren sind auch alle Gegenstände des Tempelbedarfs zu kaufen, wie Schirme, Kostüme und Fächer. Alle diese Dinge bekommt man in Sukawati billiger als in den Souvenirläden der Touristenzentren. Sukawati geht unmerklich in den Ort *Batuan* über, wo die ersten Galerien am Straßenrand und in Nebenstraßen auf Käufer und Besucher warten. Schon in den 1930er-Jahren zeichnete sich Batuan durch hervorragende Maler aus.

Das letzte Künstlerdorf vor Ubud ist *Mas (S. 69)*. Hier haben sich die Holzschnitzer der Insel niedergelassen. Von Masken über Spiegelrahmen bis zu zarten Blumen wird alles hergestellt und auch verkauft. Wer ein typisches Bali-Souvenir sucht, kauft hier günstig und gut. Hinter Mas geht es nun langsam bergauf, hinein in die berühmte balinesische Terrassenlandschaft. Über Peliatan kommen Sie nach *Ubud (S. 61)*, der Hochburg der Künstler. Hier können Sie nicht nur Kunsthandwerk kaufen und besichtigen, sondern in Ubuds ausgezeichneten Museen auch balinesische und indonesische Kunst sowie einige Bilder der westlichen Maler, die sich seit Beginn der 1930er-Jahre in Ubud niedergelassen haben, bewundern. Am Museum Neka vorbei fahren Sie Richtung Kedewatan, und dort biegen Sie links ab Richtung *Sayan*. Rechts neben Ihnen liegt die *Ayung-Schlucht*, die mit ihrer überwältigenden Schönheit vielen Malern der Gegend als Motiv diente.

*Steindämon aus Batubulan*

Kurz hinter *Singapadu* mit Reptilien- und Vogelpark *(Rimba Reptil, Taman Burung, S. 69)* kommen Sie auf die Hauptstraße Richtung Denpasar zurück.

# Tauchen, Surfen, Trekkingtouren

**Wasserratten und Wanderer sind hier goldrichtig, aber auch andere Sportbegeisterte finden vor allem auf Bali ein breit gefächertes Angebot**

Auf Bali gibt es eine große Auswahl an sportlichen Aktivitäten für Urlauber. Für Lombok gilt das nur bedingt, da der Tourismus hier weniger entwickelt ist. Die Angebote drehen sich naturgemäß vor allem ums Wasser: Tauchen, Schnorcheln, Surfen, Wasserski, Riverrafting und Segeln. Doch auch Trekkingtouren auf die Vulkane sind spannend, und Golfspieler finden wunderschöne Plätze.

## GOLF

Als schönster Platz ganz Südostasiens gilt die 18-Loch-Anlage des Insider Tipp *Bali Handara Kosaido Country Club* auf 1150 m Höhe am Bratan-See in einem alten Vulkankrater. Die Anlage *Bali Golf and Country Club* auf der Halbinsel Bukit Badung (ebenfalls 18 Loch) hält wunderschöne Blicke aufs Meer bereit. Nicht weit vom Tanah Lot liegt der vom Golfstar Greg Norman entworfene 18-Loch-Platz *(Nirwana Bali Golf Club, Tel. 0361/81 59 60, Fax 81 59 70)*. Auf Lombok befindet sich nördlich von Senggigi an der Küste ein phantastischer 18-Loch-Platz, *Lombok Golf Kosaido Country Club.*

Alle Golfclubs finden Sie unter *www.99bali.com/golf.*

*Bali und Lombok haben schöne Tauchreviere – auch für Anfänger*

## MOUNTAINBIKING

Wegen der Temperaturen und der Straßenverhältnisse anstrengend, aber sehr beliebt sind Radtouren. Die Straßen haben Schlaglöcher, und der Verkehr ist extrem dicht. Zum Biken am besten geeignet ist der Norden von Ubud, weil hier relativ wenige Autos fahren. Touren in kleinen Gruppen organisieren:

*Sobek, Jl. Tirta Ening 9, Sanur, Tel. 0361/28 70 59, Fax 28 44 14, www.balisobek.com*

*Bali Adventure Tours, Jl. Bypass Ngurah Rai, Denpasar, Tel. 0361/72 14 80, Fax 72 14 81, oder Jl. Tanjung Mekar, Legian, Tel. 0361/75 12 92, www.baliadventuretours.com*

## PARASAILING

In der Luft gleiten, gezogen von einem Boot: In Sanur und Nusa Dua ist das möglich. Angebote gibt es direkt am Strand oder in den großen Hotels (Kosten ca. 5–10 US-$).

## REITEN

Reitausflüge am Strand oder geführte Touren beim Tanah Lot durch Reisfelder, Dörfer und am Strand (ca. fünf Stunden, rund 50 US-$) organisiert *PT Jaran Jaran Kencana (Loji Garden Hotel, Legian, Tel. 0361/75 16 72, Fax 75 17 46)*. Pferde können Sie stundenweise auch in verschiedenen Hotels ausleihen – erkundigen Sie sich an der Rezeption oder im Touristenbüro.

## RIVERRAFTING

Eine Sportart mit Thrill: Mit dem Schlauchboot sausen Sie den wilden Ayung-Fluss hinunter. Die fast dreistündige Fahrt führt durch eine tiefe Schlucht und an Reisterrassen vorbei. Noch wilder geht es auf zwei Flüssen nördlich von Klungkung zu, dem Telaga-Waja- und dem Unda-Fluss. Nur für erfahrene Rafter geeignet! Die Anbieter holen die Gäste im Hotel ab, die Kosten betragen pro Person ab 60 US-$.

Insider Tipp

*Bali Adventure Tours, Jl. Bypass Ngurah Rai, Denpasar, Tel. 0361/72 14 80, Fax 72 14 81, www.baliadventuretours.com*

*Sobek, Jl. Tirta Ening 9, Sanur, Tel. 0361/28 70 59, Fax 28 44 14, www.balisobek.com*

*Bali Discovery Tours, Komplek Pertokoan, Sanur Raya 27 Jl. By Pass Ngurah Rai, Sanur, Tel. 0361/28 62 83, Fax 28 62 84, www.balidiscovery.com*

## RUNDFLÜGE

Bali vom Hubschrauber aus betrachten: Dieses Vergnügen können Sie buchen bei *Heli Tour & Spot Charter Service (Asahi Airways, Flughafen Denpasar, Tel. 0361/75 49 52, 75 10 11 31 16)*.

## SEGELN

Kleine Segeltörns können Sie in der Bucht von Jimbaran unternehmen. Hobie Cats verleihen das Intercontinental Hotel und das Four Seasons

*Für Mutige und Abenteuerlustige: Rafting auf dem Wildwasserfluss Ayung*

Resort. Aber es ist auch möglich, auf größeren Seglern einen Tagesausflug auf die Nusa Lembongan zu unternehmen. Die Preise variieren je nach Schiff und Länge der Tour.

*Bali Camar Yacht Charter, Benoa Hafen, Tel. 0361/72 05 91, Fax 72 05 92*

*Golden Hawk, Jl. Danu Poso 20 A, Sanur, Tel./Fax 0361/28 74 31*

*Bali Hai Cruises, Benoa Hafen, Tel. 0361/72 03 31, Fax 72 03 34, www.balihaicruises.com*

## SURFEN

Bali ist ein Traumziel für Surfer. Die schönste Brandung gibt es an den Stränden von Kuta, die höchsten Wellen (nur für Fortgeschrittene!) auf Bukit Badung nahe dem Pura Luhur Ulu Watu. Aber auch die Nusa Lembongan zieht Surfer an. Wer kein Brett dabeihat, findet an Kutas Stränden Surfbrettverleiher.

## TAUCHEN & SCHNORCHELN

Die vorgelagerten Korallenriffe bilden schöne Tauch- und Schnorchelreviere. Mit Auslegerbooten lässt man sich in Candi Dasa, Lovina, Nusa Dua, Padang Bai und Sanur zum Riff hinausschippern. Wunderschöne Ziele sind die Insel Pulau Menjangan sowie der Osten Balis: Bei Tulamben liegt vor der Bucht ein Schiffswrack, das völlig von Korallen und Wasserpflanzen überwuchert ist.

*Amed Dive Center, Jl. Pantai Timur 801, Tel./Fax 0363/234 62, www.ameddivecenter.com*

*Baruna Water Sports, Jl. Bypass Ngurah Rai 300 B, Denpasar, Tel. 0361/75 38 20, Fax 75 38 09, info @bagus-discovery.com*

*Ena Dive Center & Water Sports, Jl. Tirta Ening 1, Sanur, Tel. 0361/28 88 29, Fax 28 79 45, www.indo.com/diving/ena*

Auch die kleinen Inseln Gili Air, Gili Meno und Gili Terawangan vor Lombok besitzen schöne Tauchreviere. Die Riffe sind ideal für Anfänger geeignet, da die Strömung schwach ist. In der Bucht von Sekotong, im Südwesten Lomboks, befindet sich eines der besten Tauchgebiete der Insel. Hier bieten Deutsche Tauchgänge mit Speedbooten an: *Dive Zone, Tel. 0370/660 32 05, www.divezone-lombok.com.*

*Dream Divers (deutsches Team), Gili Air, Tel. 0370/63 45 47, Büro in Senggigi Tel./Fax 69 37 38, www.dreamdivers.com*

## TREKKING & WANDERN

Die balinesischen Vulkane Gunung Batur und Gunung Agung sowie der Gunung Rinjani auf Lombok locken Bergsteiger an – die Touren sollten aber nur mit erfahrenen Führern unternommen werden.

Im Taman Nasional Bali Barat werden Dschungelwanderungen angeboten, und in Ubud führt der Hobbyornithologe Victor Mason durch Reisfelder und Wälder.

Vulkanwanderungen auf Bali: *Sobek, Jl. Tirta Ening 9, Sanur, Tel. 0361/28 70 59, Fax 28 44 14, www.balisobek.com; Bali Adventure Tours, Jl. Bypass Ngurah Rai, Denpasar, Tel. 0361/72 14 80, Fax 72 14 81, oder Jl. Tanjung Mekar, Legian, Tel. 0361/75 12 92, www.baliadventuretours.com*

Wanderungen auf Lombok: *Perama Tours & Travels, Jl. Pejanggik 66, Mataram, Tel. 0370/233 68*

UDIN MELEKETE

# Wasserspaß und Abenteuer

**An einem Wasserfall herumklettern, Leguane auf den Arm nehmen oder aufregende Höhlen erkunden: Auf Bali gibt es für Kinder viel zu erleben**

Bali ist ein auch für Kinder gut geeignetes Reiseziel, nicht zuletzt wegen der besonderen Kinderfreundlichkeit der Balinesen. Von Reisen mit Kindern nach Lombok ist hingegen abzuraten, denn dort ist die Malariagefahr sehr groß. Selbst Moskitonetze und das Einreiben mit Mückenschutz (auch auf Bali unbedingt zu empfehlen!) bannen die Gefahr nicht, und eine Prophylaxe für Kinder ist nicht unproblematisch. Mit Beginn der Abend dämmerung sollten Kinder zum Schutz gegen Mücken lange Hosen, Socken und langärmelige T-Shirts tragen. Es empfiehlt sich, Medikamente gegen Durchfall und Erkältung sowie schmerzstillende Tropfen und Wundsalben mitzunehmen. Wunden müssen sofort desinfiziert werden, sie heilen in den Tropen besonders langsam. Windeln und Säuglingsnahrung gibt es in den Supermärkten zu kaufen.

Die besten Strände zum Baden mit Kindern sind Lovina, Sanur und Nusa Dua. In Kuta ist die Brandung zu gefährlich. Doch neben Strand- und Poolspaß bietet Bali auch die Begegnung mit Tieren wie Delphinen, prächtigen Schmetterlingen, seltenen Vogelarten und Reptilien.

*Bali ist eine kinderfreundliche Insel*

Ein besonderes Erlebnis für Kinder sind Balis bunte Tempelfeste und Tanzveranstaltungen. Die Reliefs an Tempeln und Höhlen, besonders die Tierdarstellungen, sind wunderbar geeignet, Kinder zu eigenen Geschichten zu inspirieren. Für ältere Kinder sind Besuche in den Werkstätten der Holzschnitzer, Steinmetzen und Maler in und um Ubud interessant. In Ubud können sie an Kursen in Batik, Schnitzen und Tanzen teilnehmen (nähere Auskünfte erteilt das Touristenbüro). Auf der Website *www.baliforfamilies.com* findet man Anregungen für verschiedene Aktivitäten.

Kinder zahlen üblicherweise 50 bis 70 Prozent des Eintrittspreises für Erwachsene.

**Air Panas** **[116 A3]**

Heißes Schwefelwasser entströmt großen Löwenköpfen: Im kühlen Schatten eines Waldes im 38 Grad warmen Wasser zu plantschen, macht Kindern Spaß – zumal auch viele einheimische Kinder hierher kommen. Für Erfrischungen sorgt ein kleines Restaurant. Am Wochenende ist der Ort ein beliebtes

Ausflugsziel der Balinesen und entsprechend überfüllt! *Eintritt 5000 Rp., etwa 10 km von Lovina; man fährt die Küstenstraße Richtung Westen und biegt dann nach Banjar ab (Air Panas ist ausgeschildert)*

**Bali Zoo Park** **[121 E3]**
In einem tropischen Regenwaldpark von 35 000 m² liegt der Zoo mit rund 350 Tieren, darunter Sumatra-Tiger, Kobras, Komodo-Warane, Orang-Utans und Tiger. *Tgl. 9–18 Uhr, Eintritt 78 000 Rp., Jl. Raya Singapadu, Sukawati, www.balivision.com/travel/zoo_park.asp*

**Barong-Tanz** **[121 D3]**
In Batubulan sind jeden Tag um 9.30 Uhr Barong-Tanzvorführungen zu sehen. Der Barong ist ein Fabeltier, ein vierbeiniges Ungeheuer. Er verkörpert das Gute und kämpft gegen Rangda, die Hexe. Zwischen leichten Angstschauern und Faszination begeistern sich die Kinder. Die Vorführungen dauern nur eine Stunde und sind daher gut für Kinder geeignet. *Eintritt 50 000 Rp., ca. 20 Minuten von Kuta oder Sanur*

Insider Tipp **Butterfly Park** **[120 C2]**
Die grösste Schmetterlingsfarm Indonesiens beherbergt 1000 verschiedene Arten. Die Kinder sollten sehr bunte Kleidung anziehen: Mit etwas Glück setzen sich die Schmetterlinge auf die Kleidung und können aus der Nähe betrachtet werden. *Tgl. 8–17 Uhr, Eintritt 30 000 Rp., 7 km nördlich von Tabanan in Wansari (auch: Wanasari), Jl. Batukaru*

**Delphinbeobachtungen** **[116 B2]**
In den frühen Morgenstunden werden in Lovina Bootstouren organisiert, um Delphine zu beobachten. Die Boote fahren mit jeweils zwei bis vier Personen hinaus aufs Riff und warten dort, bis sich die Delphine zeigen. *30 000 Rp. pro Person, Khi Khi's Dolphin Tours, Lovina-Kalibukbuk, Tel. 0362/415 48*

**Gitgit-Wasserfall** **[116 C2]**
Im Norden Balis, zwischen Bratan-See und Lovina, rauscht dieser Wasserfall 30 m tief in eine romantische Schlucht. Schon der Weg dorthin ist schön, und am Wasserfall gibt es vielfältige Möglichkeiten für Abenteuerspiele: auf glitschigen Steinen klettern, über eine Hängebrücke laufen oder unter dem Wasserfall stehen. *Eintritt 2500 Rp., an der Straße von Singaraja zum Bratan-See (Schild beachten), die Tickets kauft man am Parkplatz*

**Goa Gajah** **[121 E2]**
Die Elefantengrotte, etwa 4 km südöstlich von Ubud gelegen, hat ihren Ursprung im 8. Jh. Durch das Maul einer weit aufgerissenen Dämonenfratze steigt man ins Innere. Das ist für Kinder sehr spannend, da die Höhle nicht beleuchtet ist und man mit Hilfe von Taschenlampen seinen Weg finden muss. *Eintritt 2500 Rp.*

**Goa Lawah** **[118 B6]**
Nicht weit von Candi Dasa, zwischen Padang Bai und Klungkung, befindet sich die Goa Lawah, die Fledermaushöhle. Kurz vor Anbruch der Dunkelheit fliegen Schwärme von kleinen Fledermäusen heraus. Sehr aufregend, für abenteuerlustige Kinder! Aber auch tagsüber kann man in die Höhle hineingehen und die Fledermäuse an der Decke hängen sehen.

**Reisanbau** **[120 C2]**
Die Götter sorgen auf Bali dafür, dass mindestens zwei bis drei Reisernten pro Jahr möglich sind. Das heißt, dass es auf den Feldern und Terrassen immer etwas zu beobachten gibt: wenn die Felder geflutet werden, bevor die Schösslinge in die Felder gesetzt werden, wenn der Reis gelb ist und eingebracht wird und wenn die Stoppeln verbrannt werden. Einen Spaziergang mit Kindern unternehmen Sie am besten bei Tabanan, denn hier befindet sich das *Subak-Museum (Mo bis Do und Sa 9–15 Uhr, Fr 9 bis 11 Uhr, Eintritt 5000 Rp., Ausschilderung im Ort)*, das nur dem Reis gewidmet ist. Probieren Sie nachher mit den Kindern am Warung unterwegs kleine Reiskuchen!

**Rimba Reptil** **[121 D3]**
Der Reptilienpark ist wie ein Dschungel mit Wasserfällen und Schlingpflanzen. Dazwischen tummeln sich unter anderem Kobras und Komodo-Warane. Unter Aufsicht dürfen Kinder Pythons, Echsen und Leguane auf den Arm nehmen. Eine gute Gelegenheit, schöne Fotos zu machen! Wer Rimba Reptil und Taman Burung besucht, zahlt 113 000 Rp. Eintritt für beides. *Tgl. 9–18 Uhr, Eintritt 75 000 Rp., Jl. Serma Cok Ngurah Gambir, Singapadu*

Insider Tipp

**Taman Burung** **[121 D3]**
Im benachbarten Vogelpark zwitschern 1000 Vogelarten der indonesischen und australischen Vogelwelt vor sich hin. In der Mitte gibt es einen offenen Bereich, in dem Kinder die Vögel anfassen oder auf die Schulter nehmen können. *Tgl. 8–18 Uhr, Eintritt 75 000 Rp. (zusammen mit Rimba Reptil 113 000 Rp.), Jl. Serma Cok Ngurah Gambir, Singapadu*

Insider Tipp

*Kakadu-Landeplatz im Vogelpark Taman Burung*

**Waterbom-Park** **[U B5]**
★ Ein Tummelplatz für Kinder jeden Alters! Es gibt mehrere Wasserrutschen mit unterschiedlichen Geschwindigkeiten, einen künstlichen Fluss, eine Poollandschaft und vieles mehr. Das Nonplusultra auch für alle Großen, die Wasserspiele mit Kirmesatmosphäre gern haben. Für die Erwachsenen gibt es außerdem ein Spa. Wenn man über das Internet Tickets vorbestellt, ist der Eintritt etwas günstiger. *Tgl. 8–18 Uhr, Eintritt 240 000 Rp., Jl. Kartika Plaza, Kuta, www.waterbom.com*

# Angesagt!

**Was Sie wissen sollten über Trends, die Szene und Kuriositäten auf Bali**

### Ausgehen

In ist die Szene rund um den Bungee-Turm zwischen Legian und Seminyak. Man gibt und kleidet sich cool bis entspannt, eine Mischung aus traditionellen Sarongs und New Yorker Outifit, aber immer mit Ray-Ban-Sonnenbrille. Ein Platz für viele junge Indonesier, die auf Bali Business treiben. Die Szene ist sehr auf oberflächlichen Kontakt eingestellt, funorientiert und leger. In den kleineren Touristenorten im Norden und Osten geht es entspannter zu. Das junge Publikum trifft sich in Warungs mit Livemusik.

### Hippiekultur

Im Norden und Osten Balis treibt die alte Hippiekultur neue Blüten. In den vielen kleinen Warungs gibt es abends spontane Livekonzerte mit Musik aus den 1970er-Jahren. Die dazugehörige Kleidung ist natürlich lässig und balinesisch farbenfroh.

### Musik

Internationale Popmusik ist überall angesagt, daneben die romantische Hippiemusik der 1970er-Jahre. Balis Jugend begeistert sich aber ebenso für die heimischen Pop-Ikonen. CDs und Kassetten mit der Musik von Ivan Fals findet man in jedem Laden: Die Songs sind sehr eingängig, die Texte – oft ein Mix aus Herz/Schmerz und sozialer Kritik – werden bei jeder Gelegenheit gesungen. Die Gruppe *Dewa* vertritt die indonesische Variante jenes Musikstils, der sich über den gesamten Globus ausbreitet – alles in allem harmloser Pop. Ein wenig frecher kommt *Slank* daher: eine schräge Gruppe, die das Lebensgefühl der Großstadtjugend aufgreift. Die witzigen Texte sind mit Jakarta-Slang angereichert.

### Sport und Spiel

Für die Einheimischen kommt alles, was Geld kostet, nicht in Frage. Schon deshalb zählen Fußball und Volleyball zu den beliebtesten Sportarten auf Bali, und überall wird Schach gespielt. Jedes Dorf hat seinen Fußballplatz, und ein Schachbrett passt auf jeden Warung-Tisch. Wer Kontakt zur einheimischen Jugend sucht, ist hier am besten aufgehoben und darf sich nicht wundern, wenn er unversehens für ein Turnier aufgestellt wird.

# Von Anreise bis Zoll

**Hier finden Sie kurz gefasst die wichtigsten Adressen und Informationen für Ihre Reise nach Bali und Lombok**

## ANREISE

### Flugzeug

Viele der internationalen Fluggesellschaften fliegen Balis Flughafen Ngurah Rai bei Denpasar an. Die Flugzeit von Europa nach Bali (Entfernung ca. 13 000 km) beträgt, je nach Anzahl der Zwischenlandungen, 14–20 Stunden. Die meisten Linien machen Zwischenstopps in Bangkok oder Singapur und in Jakarta. Tickets zu Spartarifen gibt es schon für deutlich unter 750 Euro. Pauschalreiseangebote für Bali, aber auch die Kombination Bali und Lombok, gibt es in verschiedenen Preiskategorien.

Die Anreise nach Lombok per Flugzeug dauert von Denpasar nach Mataram nur 25 Minuten. Die indonesische Fluggesellschaft Merpati fliegt mehrmals täglich mit kleinen Propellermaschinen. Besser als mit Merpati (die Flugzeuge sind zum Teil sehr alt) fliegt man mit Garuda *(www.garuda-indonesia.com)*. Der Flug von Bali nach Lombok kostet ca. 15 Euro pro Strecke. Man kann auch Flüge von Java nach Lombok buchen oder Lombok als Ausgangspunkt nehmen, um die östlichen Inseln Indonesiens zu bereisen. Die Flüge mit Garuda können auch schon von Europa aus gebucht werden.

### Schiff

Von Europa nach Indonesien dauert eine Seereise etwa sechs Wochen. Man reist auf Frachtschiffen in einer 1.-Klasse-Kabine. Auskunft erhalten Sie bei der *Reiseagentur Hamburg-Süd, Ost-West-Str. 59–61, 20095 Hamburg, Tel. 040/370 50, Fax 37 05 27 30.*

Zwischen Bali und Lombok sowie zwischen Lombok und seinen östlichen Inseln verkehren Fährschiffe zu preisgünstigen Tarifen. Ein Fährschiff legt im Osten Balis in Padang Bai nach Labuhan Lembar ab, die Überfahrt dauert fast fünf Stunden.

### Bus

Man kann Bali über Java per Bus erreichen. Von Jakarta nach Denpasar (ca. 1200 km) fahren täglich Expressbusse (Fahrzeit 15–20 Stunden), die von Javas Ostspitze nach Gilimanuk per Fähre übersetzen. Dies ist die preisgünstigste Verbindung von Indonesiens Hauptstadt auf die östlichen Inseln.

## AUSKUNFT

### Deutsch-Indonesische Gesellschaft e. V.

*Adrian-Kiels-Str. 7, 51149 Köln, dig.koeln@gmx.de* (kulturelle Informationen)

**Botschaft der Republik Indonesien**

*– Lehrter Str. 16–17, 10557 Berlin, Tel. 030/47 80 70, Fax 44 73 71 42, www.indonesian-embassy.de*

*– Gustav-Tschermak-Gasse 5–7, 1180 Wien, Tel. 01/47 62 30, Fax 479 05 57, www.kbriwina.at*

*– Elfenauweg 51, 3006 Bern, Tel. 031/352 09 83, Fax 351 67 65, www.indonesia-bern.org*

Nicht in allen Orten auf Bali und Lombok gibt es Touristenbüros. Auskünfte erhalten Sie jedoch in den Hotels.

## AUTO

Die Straßen auf Bali sind größtenteils schlecht. Nachts sind sie nicht oder höchst unzureichend beleuchtet, zur Regenzeit außerdem auch noch oft überflutet. Einige wichtige Verkehrsregeln: In Indonesien herrscht Linksverkehr. Wenn ein entgegenkommendes Auto die Lichthupe betätigt, heißt das: Fahr zur Seite oder brems ab! Wenn ein Auto hinter Ihnen hupt: Ich überhole! Wenn ein Auto vor Ihnen rechts blinkt, aber offenbar nicht abbiegen will, lautet die Botschaft: Nicht überholen, Gegenverkehr!

## BANKEN & GELDWECHSEL

Die Banken sind meistens Mo bis Sa von 8 oder 8.30 Uhr bis 12 oder 14 Uhr (Fr nur bis 11 Uhr) geöffnet.

»Moneychanger«, die es überall gibt, haben meist von 8 bis 20 Uhr geöffnet. Vorsicht ist jedoch angeraten – besser ist es, die offiziellen Wechselstuben aufzusuchen.

Außer Kreditkarten, die sehr verbreitet sind, sollten Sie Reiseschecks benutzen. Außerdem gibt es Geldautomaten, an denen Sie mit Kreditkarte (auch EC-Karte) und PIN-Nummer Geld abheben können.

## DIPLOMATISCHE VERTRETUNGEN

Auf Bali:

**Deutsches Honorarkonsulat**

*Jl. Pantai Karang 17, Sanur, Tel. 0361/28 85 35, Fax 28 88 26, germanconsul@bali-ntb.com, Mo bis Fr 8–12 Uhr*

In Jakarta:

**Deutsche Botschaft**

*Jl. Thamrin 1, Tel. 021/39 85 50 00, Fax 390 17 57, www.deutschebotschaft-jakarta.or.id*

**Österreichische Botschaft**

*Jl. Diponegoro 44, Tel. 021/31 93 81 01, 31 93 80 90, Fax 390 49 27, www.austrian-embassy.or.id*

**Schweizer Botschaft**

*Jl. Rasuna Said, Blok X 3/2, Tel. 021/525 60 61, Fax 520 22 89, www.eda.admin.ch/jakarta*

## EINREISE & AUSREISE

Für die Einreise nach Indonesien brauchen Deutsche und Schweizer ein Visum, die Kosten von 25 US$ müssen am Flughafen am Einreiseschalter *(Immigration Counter)* bar bezahlt werden. Der Reisepass muss zum Zeitpunkt der Einreise noch mindestens sechs Monate gültig sein. Bei der Einreise muss ein Formular *(Immigration Card)* ausgefüllt werden, das bis zur Ausreise im Pass bleibt. Für Touristen beträgt die Höchstverweildauer im Land

30 Tage. Wer sein Visum verlängern will, muss hierhin: *Kantor Imigrasi, Jl. Panjaitan 4, Renon, Denpasar, Tel. 0361/22 78 28.* Österreicher müssen vorab ein Visum bei der indonesischen Botschaft beantragen.

## EINTRITTSPREISE

Der Besuch aller Tempel und Touristenattraktionen kostet Eintritt, oder es wird eine kleine Spende erbeten, meist aber nicht mehr als 1 Euro. Richtig teuer sind nur die Tierparks und der Waterbom-Park in Kuta (Bali).

## FKK

Nacktbaden ist überhaupt nicht angebracht im islamischen Indonesien. Auf Bali indes tragen Touristinnen Bikinis ohne Oberteil. Das ist zwar nicht verboten, aber Frauen sollten sich darüber im Klaren sein, dass sie so die indonesischen Männer in Scharen anlocken.

## FLUGHAFENSTEUER

Beachten Sie, dass Sie bei internationalen Abflügen nach dem Einchecken und vor der Passkontrolle noch eine Flughafensteuer von etwa 10–12 Euro bezahlen müssen.

## FOTOGRAFIEREN

Normale Farbfilme können Sie überall preiswert kaufen und auch schnell entwickeln lassen. Schwarz-Weiß-Filme gibt es kaum. In den Tropen finden Sie das schönste Fotolicht am ganz frühen Morgen oder am späten Nachmittag. Auf Bali sollten Sie bei Tempelfesten zurückhaltend fotografieren und dort auch im Dunkeln kein Blitzlicht benutzen. Niemals sollten Sie nackte Balinesen fotografieren, die sich an Bächen oder Flüssen waschen.

## GESUNDHEIT

Empfohlen werden Impfungen gegen Cholera, Hepatitis, Polio, Tetanus und Typhus sowie eine Malariaprophylaxe vor allem für Lombok. Auf Lombok und auf den Gilis ist die Malariagefahr sehr groß. Liegt eine ernsthafte Erkrankung vor, ist es sicherer, nach Australien oder Singapur auszufliegen. Schließen Sie unbedingt eine zusätzliche Reisekrankenversicherung ab, da Sie im Falle einer Erkrankung die Kosten sonst selbst tragen müssten.

Die meisten großen Hotels haben Ärzte. Außerdem gibt es die Kliniken: *Bali Clinic (24-Std.-Dienst), Jl. Lasmana 54 XX, Seminyak, Tel. 0361/73 33 01; Mataram Hospital, Jl. Pejanggik, Mataram, Lombok, Tel. 0370/63 84 64.*

Auf keinen Fall sollten Sie Leitungswasser trinken, ungeschältes Obst und ungekochtes Gemüse essen. Vorsicht auch mit Salat, außer in guten Restaurants. Medikamente bekommen Sie in Apotheken *(Apotik)* und in Drogerien *(Toko Obat).*

Informationen im Internet: *www.fit-for-travel.de*

## INTERNET

Informationen zu Bali: *www.baliparadise.com, www.balivillas.com/bali, www.indo.com, www.bali-thepages.com, www.baliguide.com, www.bali-online.com, www.searchindonesia.com, www.balidiscovery.com.* Balis Restaurants werden auf

## www.marcopolo.de

### Im Internet auf Reisen gehen

Mit über 10 000 Tipps zu den beliebtesten Reisezielen ist MARCO POLO auch im Internet vertreten. Sie wollen nach Paris, auf die Kanaren oder ins australische Outback? Per Mausklick erfahren Sie unter www.marcopolo.de Wissenswertes über Ihr Reiseziel. Zusätzlich zu den Informationen aus den Reiseführern bieten wir Ihnen online:

- das *Reise Journal* mit aktuellen News, Artikeln, Reportagen
- den *Reise Service* mit Routenplaner, Währungsrechner und Compact Guides
- den *Reise Markt* mit Angeboten unserer Partner rund um das Thema Urlaub

Es lohnt sich vorbeizuschauen: Wöchentlich aktualisiert, gibt es immer wieder Neues zu entdecken. Bleiben Sie auf dem Laufenden mit unserem E-Mail-Newsletter, den Sie kostenlos abonnieren können!

*www.balieats.com* vorgestellt. Infos zu Bali und Lombok: *www.baliforyou.com, www.kecak.com;* zu Lombok: *www.lombok.com, www.lomboknetwork.com, www.lombokhotels.com, www.lombok-network.com.*

### INTERNETCAFÉS

Wer ohne Computer reist oder in einem Hotel ohne IDD-Telefon wohnt, kann Cybercafés benutzen, die man an jeder Ecke, in jedem Ort findet.

### KLEIDUNG

Zu legere Kleidung ist in den Städten und vor allem bei Behörden unerwünscht. Frauen mit weit ausgeschnittenen Kleidern, T-Shirts oder zu kurzen Röcken müssen damit rechnen, angefasst zu werden. Leichte Baumwollkleidung ist für die Tropen am besten geeignet. In den Hotels und Losmen können Sie Ihre Kleidung preiswert und schnell waschen lassen.

### KLIMA

Bali und Lombok haben tropisches Klima mit sehr hoher Luftfeuchtigkeit und Monsunwinden. Von November bis März muss man mit heftigen, manchmal auch tagelang anhaltenden Regenfällen rechnen. Die Trockenzeit von April bis Oktober ist die angenehmste Reisezeit. Die Durchschnittstemperatur beträgt im Flachland 30 Grad, in höheren Lagen ist es deutlich kühler.

### LITERATUR

*Baum, Vicki: Liebe und Tod auf Bali (Kiepenheuer & Witsch).* Liebesgeschichte, die Anfang des 20. Jhs. auf Bali spielt, als die Holländer ihre Kolonialmacht ausdehnten.

*Mason, Victor und Jarvis, Frank: Birds of Bali (Periplus Editions).* 120 Vogelarten werden in diesem Buch beschrieben. Mit Hinweisen auf Beobachtungsplätze.

*Uhlig, Helmut: Bali. Insel der lebenden Götter (Bertelsmann).* Geschichten und Episoden über Traditionen auf der Insel der Götter.

*Uhlig, Helmut: Leben mit den Göttern (DA Verlag).* Ein Bildband mit Texten zu Festen auf Bali.

*Vickers, Adrian: Ein Paradies wird neu erfunden (Bruckner & Thünker).* Der australische Südostasienforscher liefert eine interessante Kulturgeschichte Balis.

## MIETWAGEN

Mit einem internationalen Führerschein können Sie einen Mietwagen (pro Tag etwa 20 Euro) ausleihen. Es gibt etliche Anbieter; bei der Anmietung sind Ihnen die Hotels behilflich. Mit einem Fahrer liegt der Preis unerheblich höher (pro Tag etwa 25–30 Euro), aber das spart eine Menge Stress. Und Sie können Ihre Ausflüge in aller Ruhe genießen.

Angebote für Autovermietungen finden Sie unter *www.marcopolo.de.*

## NOTRUF

*Ambulanz Tel. 118/119*
*Feuerwehr Tel. 113*
*Polizei Tel. 110*
*Polizeistation Kuta (Bali):*
*Tel. 0361/75 19 98*
*Polizeistation Ampenan (Lombok):*
*Tel. 0370/62 35 24, 62 37 73*

## ÖFFENTLICHE VERKEHRSMITTEL

Es gibt einige Taxis (zu erkennen an der blauen oder Beigemetallic-Lackierung), die mit einem Taxameter ausgestattet sind, und viele »wilde« Taxis, bei denen der Fahrpreis Verhandlungssache ist. Bestellt man in den Hotels ein Taxi, liegt der Preis höher als sonst.

Die beliebtesten Verkehrsmittel der Balinesen sind Colts (Kleinbusse) und Bemos (Kleinlaster, deren Ladefläche mit Sitzbänken längs der Fahrtrichtung ausgestattet ist). Sie sind immerzu unterwegs und sehr preiswert.

Auf Lombok verkehren Dokars oder Cidomos (einspännige Pferdekutschen auf zwei Rädern mit Dach), für kürzere Strecken ein angenehmes Transportmittel. Ansonsten: *Taxi 0370/62 70 00.*

## POST

Alle größeren Orte haben Postämter *(Kantor Pos dan Giro oder Postal Agent).* Öffnungszeiten: Mo bis Do 8–14 oder 16 Uhr, Fr bis 11 Uhr, Sa bis 12.30 Uhr

Ein Luftpostbrief (unbedingt mit »Air mail« beschriften!) dauert nach Europa etwa fünf Tage. An allen Postämtern auf Bali gibt es Poste-restante-Schalter.

## PREISE & WÄHRUNG

Währungseinheit ist die indonesische Rupiah (Rp.). Münzen gibt es in Form von 50, 100 und 200 Rp., Scheine zu 100, 500, 1000, 5000, 10 000, 20 000, 50 000 und 100 000 sowie (angekündigt) zu 200 000 Rp. Auf Grund der Wäh-

| € | Rp. |
|---|---|
| 1 | 12141 |
| 3 | 36422 |
| 5 | 60703 |
| 10 | 121406 |
| 30 | 364218 |
| 50 | 607030 |
| 90 | 1092654 |
| 100 | 1214060 |
| 500 | 6070301 |

| Rp. | € |
|---|---|
| 1000 | 0,08 |
| 5000 | 0,41 |
| 10000 | 0,82 |
| 30000 | 2,48 |
| 90000 | 7,43 |
| 150000 | 12,38 |
| 200000 | 16,51 |
| 500000 | 41,26 |
| 1000000 | 82,53 |

rungschwankungen seit 1998 werden viele Preise in US-Dollar berechnet.

Ein Motorrad kann man für 5 Euro pro Tag mieten, ein Fahrrad für 1–2 Euro. Eine Fahrt im Bemo kostet 0,25 Euro. Für eine Schachtel amerikanische Zigaretten muss man ca. 0,75 Euro bezahlen. Ein Mittagessen in einem einfachen Restaurant kostet nur 1,50 Euro, ein Bier 0,75 Euro, ein Glas Wein mindestens 2 Euro, ein Fruchtsaft oder ein Kaffee 0,50 Euro. Doch selbst ein Abendessen in einem teureren Restaurant ist weitaus billiger als in einem vergleichbaren Restaurant Westeuropas. In den Luxushotels sind die Preise indes dem internationalen Niveau angeglichen. Für eine Massage am Strand von Kuta werden 3–5 Euro verlangt.

## STROM

Die Spannung beträgt in den Touristenzentren und Großstädten 220 Volt, sonst überall 110 Volt. Man braucht keinen Adapter.

## TELEFON & HANDY

Auf Bali erreicht man den Süden und Zentralbali unter der Vorwahl *0361*, den Norden unter *0362*, den Osten unter *0363* (bis auf Klungkung, das die Vorwahl *0366* hat) und den Westen unter *0365*. Lombok hat die Vorwahl *0370*.

Allerdings ist das Telefonieren oft ein Glücksspiel, da die Telefonnetze vollkommen überlastet sind, sodass man bei Gesprächen innerhalb des Landes viel Geduld braucht. Einfacher ist es mit den internationalen Verbindungen. Wer nicht in einem der großen Hotels mit Telefonverbindung wohnt, kann ein Servicebüro aufsuchen, von dem aus telefoniert und gefaxt werden kann.

R-Gespräche können über den Service »Deutschland Direkt« der Telekom geführt werden: *008 01 49*

Handys können auf Bali benutzt werden, jedoch sind Verbindungen nach Deutschland sehr teuer, etwa 7 Euro pro Minute. Ein Netz gibt es allerdings nur in den Touristenzentren, ansonsten ist kein Empfang möglich. Es gibt drei Anbieter: Excel-Com, Satel-Indo und Telcomtel.

Vorwahlen: nach Deutschland *00149*, nach Österreich *00143*, in die Schweiz: *00141*

Vorwahl von Europa nach Indonesien: *0062*

## TRINKGELD

Zwar sind in den größeren Restaurants meistens 10 Prozent Bedienungsgeld im Rechnungsbetrag enthalten, aber trotzdem sollten Sie dort – und vor allem auch in kleineren Restaurants – ein Trinkgeld geben, da das Personal nur sehr wenig verdient.

Gepäckträgern auf dem Flughafen gibt man ein kleines Trinkgeld pro Gepäckstück.

## UNTERKÜNFTE

Alle Übernachtungsmöglichkeiten vom Losmen oder Homestay (das sind kleine Pensionen) bis zur eigenen Villa auf dem Luxushotelareal sind auf Bali und – eingeschränkt – auf Lombok vorhanden. Die Homestays entwickelten sich Ende der 1960er-, Anfang der 1970er-Jahre, als die Hippies Bali entdeckten und in Privathäusern billig unterkamen. Diese Zimmer sind einfach, aber sauber. In kleinen Hotels und Losmen ist es möglich – bleibt man länger als drei Tage –, einen Nachlass auszuhandeln. In der Nebensaison sind die Preise flexibel.

Viele der großen Hotels sind mehrstöckig gebaut, jedes Zimmer hat einen kleinen Balkon oder eine Terrasse. Vor allem Luxushotels bieten seit mehreren Jahren Bungalows im balinesischen Stil mit Strohdach und Holzschnitzereien an. Jeder Bungalow ist eine geschlossene Einheit, in der Wert auf *privacy* gelegt wird.

Da auf Grund der Währungsschwankungen auch Zimmerpreise in US-Dollar berechnet werden, sind ehemals billige Unterkünfte teurer geworden. Dafür entfallen aber meist die 20-Prozent-Steuer und die Servicegebühr, die vormals aufgeschlagen wurden.

Viele Hotelzimmer sind bei Internetbuchung deutlich billiger als sonst – in der Nebensaison bis zu 50 Prozent. Außerdem lohnt es, sich beim Einchecken nach Preisnachlässen zu erkundigen, meistens gibt es einen Verhandlungsspielraum. Adressen für die Hotelsuche im Internet: *www.indo.com*, *www.baliguide.com*, *www.baliforyou.com* und *www.balivillas.com*

## VERHALTEN

Überall im Land bewirkt ein freundliches Lächeln einen leichteren Zugang zu den Menschen.

Füße gelten als unsauber und werden auf keinen Fall in der Öffentlichkeit hochgelegt, man besteigt auch niemals Tempelmauern oder etwa Tempelfiguren. Betreten Sie einen Tempel nicht in nachlässiger Strandkleidung. Für einen Tempelbesuch sollten Sie immer einen Tempelschal *(selendang)* dabeihaben. Zu Tempelfesten sollten auch Ausländer einen Sarong tragen.

Bevor man ein Haus betritt, werden die Schuhe ausgezogen. Die linke Hand gilt als unrein.

## ZEIT

Indonesien hat drei Zeitzonen. Von Westeuropa zu Bali und Lombok beträgt der Zeitunterschied plus

### Was kostet wie viel?

| | |
|---|---|
| Taxi | **ab 0,10 Euro** pro gefahrenen km |
| Kaffee | **0,50 Euro** für eine Tasse Kaffee |
| Nasi Goreng | **ab 1 Euro** für eine Portion |
| Wein | **ab 2 Euro** für ein Glas Wein |
| Benzin | **0,10 bis 0,15 Euro** für einen Liter Benzin |
| Eintritt | **4,20 Euro** Eintrittspreis für eine Tanzveranstaltung |

sieben Stunden. Während der europäischen Sommerzeit verringert sich diese Differenz um eine Stunde (also plus sechs Stunden).

## ZEITUNGEN

Die englischsprachige »Jakarta Post« ist eine überregionale Zeitung und überall erhältlich. Alle zwei Monate erscheint »Bali Echo«, ein aktuelles Magazin über die Insel.

Internationale englischsprachige Zeitungen und Magazine sowie deutschsprachige Zeitungen und Zeitschriften bekommt man zum Teil in größeren Hotels oder in Buchläden auf Bali.

## ZOLL

Pro Person dürfen 1 l Alkohol und 200 Zigaretten oder 100 g Tabak nach Indonesien eingeführt werden. Die Einfuhr von Schusswaffen, Drogen und pornografischen Schriften ist verboten. Über 50 Jahre alte Antiquitäten dürfen nur mit einer Exportlizenz aus Indonesien ausgeführt werden. Ausländische Zahlungsmittel können in unbegrenzter Menge nach Bali und Lombok eingeführt werden.

Zollfreie Mengen in die EU bzw. in die Schweiz: 200 Zigaretten oder 50 Zigarren oder 250 g Tabak, 1 l Alkohol über und 2 l Alkohol unter 22 Prozent (Schweiz: 15 Prozent), 50 g Parfum und 250 ml Eau de Toilette sowie Geschenkartikel und Souvenirs im Wert von 175 Euro (100 Schweizer Franken). Schlangenhäute, Tierfelle, Elfenbein und Schildpatt dürfen nicht eingeführt werden. Informationen im Internet: *www.zoll-d.de*

## Wetter in Denpasar

| | Jan. | Feb. | März | April | Mai | Juni | Juli | Aug. | Sept. | Okt. | Nov. | Dez. |
|---|---|---|---|---|---|---|---|---|---|---|---|---|
| Tagestemperaturen in °C | 30 | 30 | 30 | 31 | 31 | 30 | 30 | 31 | 31 | 32 | 32 | 30 |
| Nachttemperaturen in °C | 22 | 23 | 23 | 23 | 23 | 23 | 22 | 22 | 22 | 23 | 23 | 23 |
| Sonnenschein Std./Tag | 8 | 10 | 10 | 10 | 9 | 9 | 9 | 10 | 11 | 10 | 10 | 10 |
| Niederschlag Tage/Monat | 12 | 10 | 7 | 4 | 3 | 3 | 3 | 3 | 2 | 3 | 5 | 10 |
| Wassertemperaturen in °C | 28 | 28 | 28 | 29 | 28 | 28 | 27 | 27 | 27 | 27 | 28 | 29 |

# Kamu berbicara bahasia indonesia?

**»Sprichst du Indonesisch?«**
**Dieser Sprachführer hilft Ihnen, die wichtigsten Wörter und Sätze auf Indonesisch zu sagen**

Zur Erleichterung der Aussprache:
Im Allgemeinen wird die vorletzte Silbe betont. Die Vokale werden gleich lang ausgesprochen. Doppelvokale **ai, au, oi** im Wortinnern werden getrennt, am Wortende wie im Deutschen ausgesprochen.

| | |
|---|---|
| c | wie in **tsch**üss |
| e | in Silben, die nicht Endsilben sind: unbetontes **e** |
| | am Wortende: betontes **e** |
| | in Endsilben: geschlossenes kurzes **ä** |
| j | wie in **Dsch**ungel |
| ngg | wie in I**ng**o |
| ny | wie **n** z. B. in »nyonya« (Frau), sprich: nona |
| sy | wie **sch** z. B. in »syukur« (Gott sei Dank), sprich: schukur |

## AUF EINEN BLICK

| | |
|---|---|
| Ja./Nein. | Ya./Tidak. |
| Vielleicht. | Mungkin./Bisa jadi./Barangkali. |
| Bitte. | *(anbietend oder einladend:)* Silakan; *(um Hilfe bittend:)* Tolong; *(»keine Ursache«:)* Kembali. |
| Danke. | Terima kasih. |
| Vielen Dank! | Terima kasih banyak. |
| Gern geschehen. | Sama-sama. |
| Entschuldigung! | Maaf!/Sorry! |
| Wie bitte? | Maaf, bagaimana? |
| Ich verstehe Sie/dich nicht | Saya tidak mengerti. |
| Ich spreche nur wenig … | Saya hanya bisa berbicara sedikit … |
| Sprechen Sie/Sprichst du … | Apa Bapak/Ibu/kamu berbicara bahasa … |
| … Deutsch? | … Jerman? |
| … Englisch? | … Inggris? |
| … Französisch? | … Perancis? |
| Können Sie mir bitte helfen? | Apa Bapak/Ibu bisa menolong saya? |

| | |
|---|---|
| Ich möchte ... | Saya mau ... |
| Das gefällt mir (nicht). | Saya (kurang) menyukainya. |
| Haben Sie ...? | Apa di sini ada ...? |
| Wie viel kostet es? | Berapa harganya? |
| Wie viel Uhr ist es? | Jam berapa sekarang? |

## KENNENLERNEN

| | |
|---|---|
| Guten Morgen! | Selamat pagi |
| Guten Tag! | *(11 bis 15 Uhr)* Selamat siang!<br>*(15 bis 18 Uhr)* Selamat sore! |
| Guten Abend! | Selamat malam! |
| Hallo!/Grüß dich! | Halo! |
| Mein Name ist ... | Nama saya ... |
| Wie ist Ihr Name, bitte? | Siapa nama Bapak/Ibu? |
| Wie geht es Ihnen? | Apa kabar Pak/Ibu? |
| Danke. Und Ihnen/dir? | Terima kasih. Dan Bapak/Ibu/kamu? |
| Auf Wiedersehen! | Sampai jumpa lagi! |
| Gute Nacht! | Selamat tidurr! |
| Tschüss! | Permisi!/Ayo!/Bye!/Daag!/Mari! |
| Bis später! | Sampai nanti! |
| Bis morgen! | Sampai besok! |

## UNTERWEGS

**Auskunft**

| | |
|---|---|
| links/rechts | kiri/kanan |
| geradeaus | terus, lurus |
| nah/weit | dekat/jauh |
| Bitte, wo ist ...? | Maaf, di mana ...? |
| Wie weit ist es zum/zur ...? | Berapa jauhnya ke ...? |
| Welcher Bus fährt nach ...? | Bus mana pergi ke ...? |
| Wo kann ich den Fahrschein kaufen? | Di mana saya bisa membeli karcis? |
| Wo ist der nächste Taxistand? | Di mana pangkalan taksi terdekat? |
| Zum Bahnhof/...-Hotel. | Ke stasiun/hotel ... |
| Nach ..., bitte. | Ke ... |

**Tankstelle**

| | |
|---|---|
| Wo ist bitte die nächste Tankstelle? | Di mana pompa bensin terdekat? |
| Ich möchte ... Liter ... | Saya mau ... liter ... |
| ... Normalbenzin. | ... premium. |
| ... Super. | ... premix. |
| ... Diesel. | ... solar. |
| ... Gemisch. | ... bensin campur. |
| Voll tanken, bitte. | Isi penuh. |

**Unfall**

| | |
|---|---|
| Hilfe! | Tolong! |
| Achtung! | Awas! |
| Vorsicht! | Hati-hati! |
| Rufen Sie bitte schnell … | Tolong cepat panggil … |
| … einen Krankenwagen. | … ambulans. |
| … die Polizei. | … polisi. |
| … die Feuerwehr. | … pemadam kebakaran. |
| Es war meine/Ihre Schuld. | Ini kesalahan saya/Bapak/Ibu. |
| Geben Sie mir bitte Ihren Namen und Ihre Anschrift. | Tolong berikan saya nama dan alamat Bapak/Ibu. |

## ESSEN/EINKAUFEN

| | |
|---|---|
| Wo gibt es hier … | Di mana ada … |
| ein gutes Restaurant? | restoran yang baik? |
| ein typisches Restaurant? | restoran yang khas? |
| Reservieren Sie uns bitte für heute Abend einen Tisch für vier Personen. | Saya mau memesan meja untuk vier orang untuk malam ini. |
| Haben Sie vegetarische Gerichte/Diätkost? | Apa ada hidangan tanpa daging/ untuk diet? |
| Könnten wir noch etwas Reis/Wasser bekommen? | Apa bisa mendapat nasi/air lagi? |
| Auf Ihr Wohl! | Cheers!/Prost! |
| Guten Appetit! | Selamat makan! |
| Bitte nicht zu scharf. | Tolong jangan terlalu pedas. |
| Bezahlen, bitte. | Saya mau bayar. |
| Das Essen war ausgezeichnet. | Makanannya enak sekali. |
| Das ist für Sie. | Ini untuk Bapak/Ibu. |
| Wo sind bitte die Toiletten? | Di mana kamar kecil? |
| Wo finde ich …? | Di mana saya bisa membeli …? |
| Apotheke | apotik |
| Bäckerei | toko roti |
| Batikgeschäft | toko batik |
| Fotogeschäft | toko alat-alat foto |
| Kaufhaus | pasar swalayan |
| Reisebüro | biro perjalanan |

## ÜBERNACHTUNG

| | |
|---|---|
| Ich habe bei Ihnen ein Zimmer reserviert. | Saya telah memesan kamar die sini. |
| Haben Sie noch Zimmer frei? | Apa di sini masih ada kamar kosong? |
| für eine Nacht | untuk satu malam |
| für eine Woche | untuk satu minggu |
| mit Bad | denang kamar mandi |

| | |
|---|---|
| Was kostet das Zimmer mit …? | Berapa harga kamar dengan …? |
| Frühstück | makan pagi |
| Halbpension | makan pagi dan malam saja |
| Vollpension | tiga kali makan |

## PRAKTISCHE INFORMATIONEN

**Arzt**

| | |
|---|---|
| Können Sie mir einen guten Arzt empfehlen? | Apa Bapak/Ibu tahu seorang dokter yang baik? |
| Ich habe mir den Magen verdorben. | Perut saya tidak enak. |
| Ich habe Durchfall. | Saya diare. |
| Ich habe Fieber. | Saya demam. |
| Ich habe hier Schmerzen. | Saya sakit di sini. |
| Ich vertrage das Essen/ die Hitze nicht. | Saya tidak tahan makanan itu/panas. |

**Bank**

| | |
|---|---|
| Wo ist hier bitte eine Bank/eine Wechselstube? | Di mana ada bank/money changer di sini? |
| Ich möchte … Euro (Schweizer Franken) in Rupien wechseln. | Saya mau menukar … Euro (Frank Swis) dalam Rupiah. |

## ZAHLEN

| | | | |
|---|---|---|---|
| 0 | nol | 19 | sembilan belas |
| 1 | satu | 20 | dua puluh |
| 2 | dua | 21 | dua puluh satu |
| 3 | tiga | 30 | tiga puluh |
| 4 | empat | 40 | empat puluh |
| 5 | lima | 50 | lima puluh |
| 6 | enam | 60 | enam puluh |
| 7 | tujuh | 70 | tujuh puluh |
| 8 | delapan | 80 | delapan puluh |
| 9 | sembilan | 90 | sembilan puluh |
| 10 | sepuluh | 100 | seratus |
| 11 | sebelas | 200 | dua ratus |
| 12 | dua belas | 1000 | seribu |
| 13 | tiga belas | 2000 | dua ribu |
| 14 | empat belas | 10000 | sepuluh ribu |
| 15 | lima belas | | |
| 16 | enam belas | 1/2 | seperdua, setengah |
| 17 | tujuh belas | 1/3 | sepertiga |
| 18 | delapan belas | 1/4 | seperempat |

# Reiseatlas Bali·Lombok

Die Seiteneinteilung für den Reiseatlas finden Sie auf dem hinteren Umschlag dieses Reiseführers

# Kartenlegende Reiseatlas

Straße mit zwei getrennten Fahrbahnen
Dual carriage-way

Durchgangsstraße
Thoroughfare

Wichtige Hauptstraße
Important main road

Hauptstraße
Main road

Sonstige Straße
Other road

Fahrweg, Piste
Carriage way, track

Karrenweg, Fußweg
Mule-track, footpath

Straßen in Bau
Roads under construction

49 Großkilometer
Long distances in km

10 Kleinkilometer
Short distances in km

Fernverkehrsbahn
Main line railway

Autofähre
Car ferry

Schifffahrtslinie
Shipping route

Sumpf
Swamp

Mangrove
Mangrove

Korallenriff
Coral reef

Landschaftlich besonders schöne Strecke
Route with beautiful scenery

15% Bedeutende Steigungen
Important gradients

Provinzgrenze
Province boundary

DENPASAR Verwaltungssitz
Administrative capital

Distriktgrenze
District boundary

SINGARAJA Verwaltungssitz
Administrative capital

**Kultur**
**Culture**

★★ **UBUD**
★★ *Pura Besakih*
Eine Reise wert
Worth a journey

★ **Amlapura**
★ *Pura Ulun Danu*
Lohnt einen Umweg
Worth a detour

**Landschaft**
**Landscape**

★★ *Danu Bratun*
★★ *G. Agung*
Eine Reise wert
Worth a journey

★ *Nusa Lembongan*
★ *Gitgit Waterfall*
Lohnt einen Umweg
Worth a detour

Besonders schöner Ausblick
Important panoramic view

Nationalpark, Naturpark
National park, nature park

**Ausflüge & Touren**
**Excursions & tours**

4807 Bergspitze mit Höhenangabe in Metern
Mountain summit with height in metres

(630) Ortshöhe
Elevation

Kloster, Tempel, Heiligtum (buddhistisch)
Monastery, temple, shrine (Buddhist)

Tempel, Heiligtum (hinduistisch)
Temple, shrine

Schloss, Burg
Palace, castle

Denkmal
Monument

Wasserfall
Waterfall

Höhle
Cave

Ruinenstätte
Ruins

Sonstiges Objekt
Other object

Golfplatz
Golf-course

Jugendherberge
Youth hostel

Badestrand · Surfen
Bathing beach · Surfing

Tauchen · Fischen
Diving · Fishing

Verkehrsflughafen
Airport

Flugplatz
Airfield

A
B
C
1
2
3
4
5
6
JAVA
Pulau Menjangan
Tg. Bedak
Tg. Pasirputih
Prapat Agung Peninsula
Tg. Batulicin
G. Prapat Agung
310
Tg. Pulaki
Teluk Pegametan
Tg. Rijasa
Tg. Sendang
Mimpi Menjangan Resort
Banyuwedang
Air Panas (Hot Spring)
Sumberkesambi
Matahari Beach Resort
Pemuteran
Ketapang 1/2 h
1/2 h
Teluk Terima
Labuhan Lalang
Teluk Terima
Makam Jayaprana (Jayaparana's Grave)
Gilimanuk
Teluk Gilimanuk
Sumberklampek
430
1178
Cekik
Pura Bakungan
National Park Headquarters
616
698
G. Kelatakan
332
1004
G. Sangiang
G. Merbu
591
2
S. Melaya
S. Sangiang
Belmbingsari
Taman Nasional Bali Barat
Ambyasari
788
1305
Nyangkraur
Palarejo
Palasari
S. Sankuming
Adnyasari
Kembangsari
748
Melaya
Palaksari
Wanasari
S. Daya
Nusasari
Selat Bali (Bali Strait)
Candikusuma
33
Jemb
Tukadaya
S. Jogading
Banyubiru
Kaliakah
Baler Baleagung
Baluk
Rening
Negara
(120)
Jambrana
Bull Races
Pang
Cupel
Tegalbadeng
Sangkaragung
Budeng
Tegal
Pengambangan
Tg. Pengambangan
Pura Gede Perancak
Perancak
Yeh
Tg. Perancak
Lemondang
Munduk
INDIAN
4 km

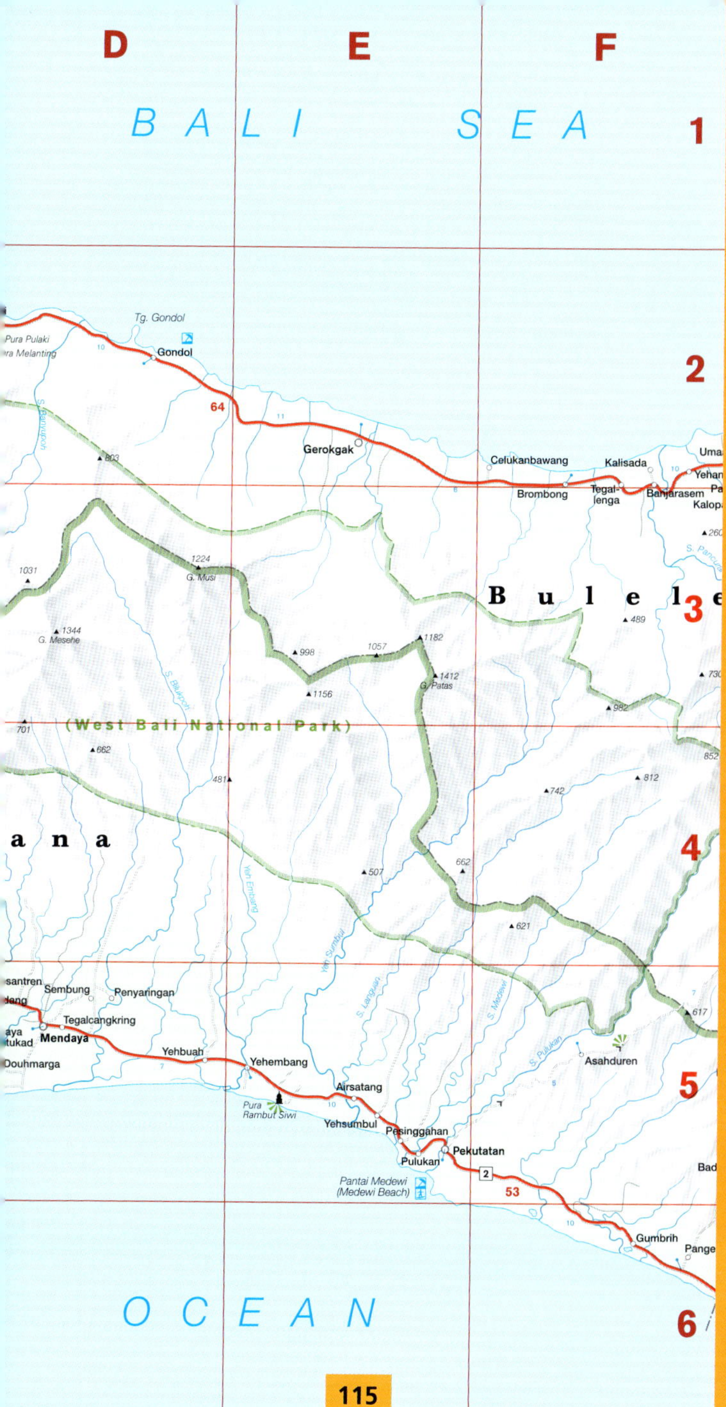
D
E
F
1
2
3
4
5
6
BALI SEA
Tg. Gondol
Pura Pulaki
ra Melanting
Gondol
64
S. Banyupoh
803
Gerokgak
Celukanbawang
Kalisada
Uma
Yehan
Brombong
Tegal-
lenga
Banjarasem
Kalopa
260
S. Pancura
1224
G. Musi
1031
B u l e l e
489
1344
G. Mesehe
S. Bulukpoh
998
1057
1182
1412
G. Patas
1156
982
730
701
(West Bali National Park)
662
852
812
742
481
a n a
Yeh Embang
507
662
621
Yeh Sumbul
S. Languan
S. Medewi
santren
Sembung
Penyaringan
dang
Tegalcangkring
aya
tukad
Mendaya
Douhmarga
Yehbuah
Yehembang
Pura
Rambut Siwi
Airsatang
Yehsumbul
Pesinggahan
S. Pulukan
Asahduren
617
Pekutatan
Pulukan
2
53
Bad
Pantai Medewi
(Medewi Beach)
Gumbrih
Pange
OCEAN

A
B
C
1
2
3
4
5
6
4 km
Babakansangsit
Sangsit
Klon
Krabo
Penaruk
SINGARAJA
Pura Jagatnatha
Banyuning
Gedong Kirtya Library
PEGULANGAN
BERATAN
TEGAL
Penglat
Galiran
Petandakan
Sukasada
Panci
Padangbula
Pemaron
Tukadmungga
Anturan
Pantai Lovina (Lovina Beach)
Lovina
Kalibukbuk
Temukus
Wanupanggang
Gitgit
Air Terjun Gitgit (Gitgit Waterfall)
Selat
Damai Lovina
Kayuputih
Pegayaman
Labuhan Haji
Pengastulan
Genit
Singsing Air Terjun (Singsing Falls)
Umaanyar
Seririt
Dencarik
Tangguwesia
Yehanakan
Bubunan
Banjar Tega
Patemon
Johanyar
Banjar
Kalopaksa
Brahma Arama Vihara
Komala Tirtaa (Hot Springs, Air Panas)
Ringdikit
S. Pancuran
Rangdu
Pedewa
Wanegiri
Mayong
Bestala
Danu Buyan
Yehmas
Busungbiu
Tunjuk
Kayuputih
Gobleg
Air Terjun Munduk
S. Mendaun
Keberan
Pelapuan
Banyuatis
Munduk
Rice Fields
Asan Munduk
Tamblingan
Danu Tamblingan
Kedis
G. Lesong
Blahmanukan
Umajero
Kebun (Botanical Ga
Pucaksari
Air Terjun Blahmantung
Bantiran
Pupuan
G. Sangiyang
Pertigaan
Kemosing
Pujungan
Sahi
G. Batukau
Batungsel
Padangan
Tista
Pempatan
Munduk Mengenu
Sanda
Pura Luhur Batukau
Batukau
Rice Fields
Jatiluwih
Kebonpadangan
Galiukir
Mengenu Anyar
Wongaya
Blimbingtegal
Pengangga
Kedar
Blimbing
Kebonjajung
Denuma
Sandan
Tengku
Penginadan
Sangketan
Badingkayu
Tabanan
Penatahan
Tegayang
Pancoran
Tegallinggah
Pangeragoan
Ampadan
Jegu
Tinggading
Rejasa
Nagasari
Angkah
Ngis
Antegana
Derma
Pegemelan
Lumbung
Pegubugan
Manseke
Bali Butterfly Park
Selemadeg
Kesiut
Timpag
Sorosi
Kutuh
Berembeng
Jelijih
Gadungan
Blubuk
Surabérata
Megati
Payukbangkeh
Rianggede
Lalanglingah
Bantas
Serampingan
Batuaji
Beach Resort
120
2

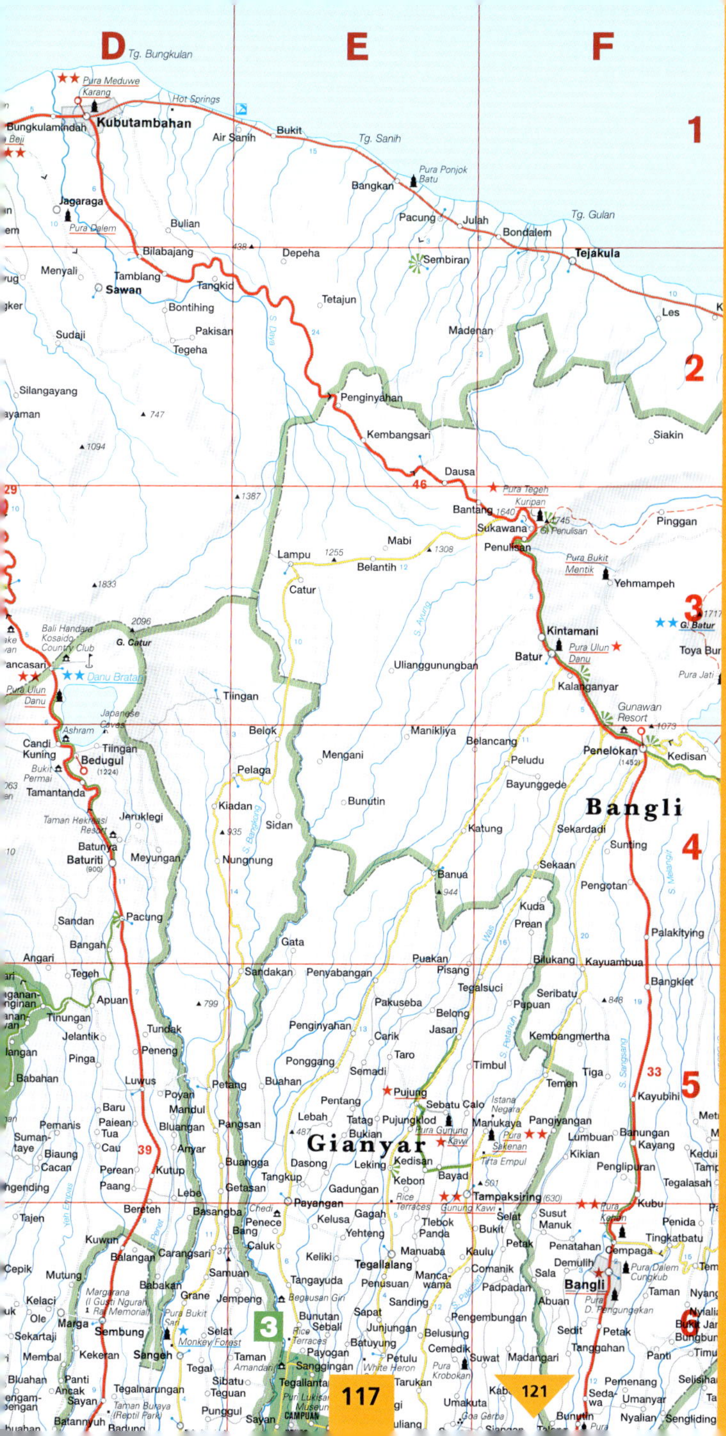
D
E
F
1
2
3
4
5
6
Tg. Bungkulan
Pura Meduwe Karang
Hot Springs
Kubutambahan
Bungkulamindah
Beji
Air Sanih
Bukit
Tg. Sanih
Pura Ponjok Batu
Bangkan
Jagaraga
Pura Dalem
Bulian
Pacung
Julah
Tg. Gulan
Bondalem
Tejakula
Bilabajang
Depeha
Sembiran
Menyali
Tamblang
Sawan
Tangkid
Bontihing
Tetajun
Les
Sudaji
Pakisan
Tegeha
Madenan
S. Daya
Silangayang
Penginyahan
Kembangsari
Siakin
Dausa
Pura Tegeh Kuripan
Bantang
Sukawana
G. Penulisan
Pinggan
Lampu
Mabi
Belantih
Penulisan
Pura Bukit Mentik
Yehmampeh
Catur
S. Ayung
Kintamani
Pura Ulun Danu
G. Batur
Toya Bungkah
Pura Jati
Batur
Bali Handara Kosaido Country Club
G. Catur
Pancasari
Danu Bratan
Pura Ulun Danu
Ulianggunungbau
Kalanganyar
Gunawan Resort
Tiingan
Japanese Caves
Ashram
Belok
Manikliya
Candi Kuning
Tiingan
Bedugul
Bukit Permai
Tamantanda
Mengani
Belancang
Peludu
Penelokan
Kedisan
Pelaga
Bayunggede
Bunutin
Bangli
Kiadan
Taman Rekreasi Resort
Jeruklegi
Sidan
Katung
Sekardadi
Sunting
S. Bangkung
Batunya
Baturiti
Meyungan
Nungnung
Banua
Sekaan
S. Melangit
Pengotan
Kuda
Prean
Sandan
Pacung
Bangah
Gata
Palakityng
Angari
Tegeh
Sandakan
Penyabangan
Puakan
Pisang
Bilukang
Kayuambua
Tegalsuci
Seribatu
Bangklet
Apuan
Pakuseba
Pupuan
Tinungan
Belong
Penginyahan
Jasan
Kembangmertha
Jelantik
Tundak
Carik
Peneng
Taro
S. Sangsang
Pinga
Ponggang
Semadi
Timbul
Tiga
Babahan
Luwus
Petang
Buahan
Temen
Poyan
Mandul
Pujung
Sebatu
Calo
Istana Negara
Kayubihi
Pentang
Baru
Pemanis
Paiean
Tua
Bluangan
Pangsan
Lebah
Tatag
Pujungklod
Manukaya
Pangiyangan
Bunungan
Kayang
Gianyar
Bukian
Pura Gunung Kawi
Pura Sakenan
Lumbuan
Biaung
Cau
Anyar
Kikian
Cacan
Perean
Kutup
Buangga
Dasong
Leking
Kedisan
Tirta Empul
Penglipuran
Paang
Tangkup
Kebon
Bayad
Tegalasah
Lebe
Getasan
Gadungan
Yeh Empas
Tajen
Bereteh
Basangba
Chedi
Payangan
Rice Terraces
Tampaksiring
Pura Gunung Kawi
Kubu
Penecé
Kelusa
Gagah
Tlebok
Selat
Susut
Pura Kehen
Penida
Kuwum
Bang
Yehteng
Panda
Bukit
Manuk
Tingkatbatu
S. Penet
Caluk
Petak
Penatahan
Cempaga
Balangan
Carangsari
Keliki
Manuaba
Kaulu
Demulih
Sala
Pura Dalem Cungkub
Cepik
Mutung
Samuan
Tegallalang
Comanik
Bangli
Taman
Babakan
Tangayuda
Manca-wama
Padpadan
Nyalian
Margarana (I Gusti Ngurah Rai Memorial)
Grane
Jempeng
Begausan Giri
Penusuan
Abuan
Pura D. Pengungekan
Kelaci
Pura Bukit Sari
Bunutan
Sanding
Pengembungan
Ole
Marga
Sebali
Sapat
Bukit Jangkrik
Sembung
Selat
Rice Terraces
Junjungan
Sedit
Petak
Bungbungan
Sekartaji
Monkey Forest
Batuyung
Belusung
Tanggahan
Payogan
Cemedik
Panti
Membal
Kekeran
Sangeh
Taman Amandari
Petulu White Heron
Suwat
Madangari
Sanggingan
Pura Krobokan
Bluahan
Panti
Tegal
Sibatu
Tegallantang
Tarukan
Kabo
Pemenang
Selisihan
Ancak
Tegalnarungan
Teguan
Puri Lukisan Museum
Umakuta
Seda-wa
Umanyar
Sayan
Taman Buraya (Reptil Park)
Punggul
Sayan
Campuan
Goa Garba
Bunutin
Nyalian
Sengliding
Batannyuh
Badung
Pura
46
24
39
33
2096
1640
1745
1717
1073
1094
747
1387
1255
1308
1833
1224
1452
935
944
848
799
487
501
377
438
900
117
121

A
B
C
1
2
3
4
5
6
Les
Kawanan
Sambirenteng
Alam Anda
Tembok
Tg. Ngis
Lupak
Tg. Tekurenan
Sanur
Siakin
90
1399
Tianyar
Belandingan
Pinggan
Pura Ulun Danu Batur
Songan
Yehmampeh
1717
G. Batur
Danu
Kuban
Toya Bungkah
Trunyan
Hot Spring
Pura Jati
Pura Jagat
Batur
Abang
Gunawan Resort
1073
Kedisan
(1452)
Buahan
1388
2153
G. Abang
Baturinggit
Kubu
Kalanganyar
Temakung
Tulamben
S. Daya
angli
Suter
Sunting
S. Melangit
Palakityng
Karangasem
3142
G. Agung
Bangklet
848
Pura Besakih
(950)
Besakih
950
Lebih
Pura Pasar Agung
(1500)
Danginkreteg
Telungbuana
33
Pempatan
Sangkawasa
S. Krekuk
S. Jangga
Ababi
Kayubihi
Buyan
Metrakaja
Metraklod
Banungan
Kayang
Sebudi
1388
Sukaluwih
1010
Tirtagangga
Tirta Ayu
(Royal Bath. Pools)
Cabé Bali Temega
Budakling
Menanga
Kedui
Manikaji
Tampuagan
Singarata
Penglipuran
Tegalasah
Bangkiangsidem
Langsat
Muncan
Seladumi
Santi
Gerianakangin
Tihingan
Jungutan
Saren
Kubu
Pajuk
Rendang
Bangbang
Rice Terraces
556
Selat
Pengubungan
Karanganyar
Kayuputih
Bebandem
Jungsari
Cepunggung
Bujaga
Penida
Pura Kehen
Tingkatbatu
Bangbang
Ablanbangbang
Segah
Ipah
Duda
Pesangkan
Sibetan
Macang
Abian Soan
Cempaga
Nongan
Padangtunggal
Putung
Kecicang
Pura Dalem Cungkub
Tembuku
Sanggem
Iseh
473
Bungaya
Taman
Nyangunkaja
Saren
Sidemen
720
Tenganan
Nyalian
Pesaban
Semseman
601
Tabola
826
Ngis
Bukit Jambal
Bungbungan
Petak
S. Unda
Selumbung
Sangkungan
Undisan
Yehpoh
Bakung
Dauhtukad
Pasedahan
Panti
Timuhun
Payangan
Kelungah
Telengan
308
Apityeh
390
Pemenang
Selisihan
Sari
Manggis
Nyuhtebel
Umanyar
Tabor
Bajing
Wangsiah
Telunwajah
Klaranganyar
Tanahampo
Buitan
Sengkidu
Nyalian
Sengliding
Selat
Tangkup
699
Ulakan
21
Candi Dasa
299
Pura Penataran Agung
Pamogan
Silebeng
Gegelang
Amankila
Aan
Sukanaji
Anganteiu
2
Teluk
Pantai Balina
(Balina Beach)
Getakan
Manduang
Besan
313
Pakel
Babakan
Amuk
Tg. Bugbug
Bekas
Paku
Besang
Cegeng
426
Pura Silayuki
Gili Mimpang
Pura Bukit Jati
Kerta Gosa
Klungkung
(Semarapura)
(160)
Gelogor
Tg. Sari
Padang Bai
Tihingan
Kembengan
Metulis
Pikat
Padang Bai
Tusan
Penasan
Sampatan
Paksebali
Gunaksa
Pangi
Tegal
Banjarangkan
Kamasan
Dawan
Pundukdawa
Goa Lawah
(Bat Cave)
(Fledermaushöhle)
Tulikup
Kuripan
Takmung
Gelgel
Klungkung
30
Pesinggahan
Lembar (Lombok) 4h
Losan
Satra
Jroagung
Tangkas
Kusamba
Sampalan 1½h
Negari
Lepang
Toyapakeh 3/4-1h
Tegalbesar
Sidayu
Jumpai
Salt Pans
Pura Batu Kolok
Jungutbatu, Toyapakeh, Sampalan

D
E
F
1
2
3
4
5
6
Nusa Lembongan
Jungutbatu
Mashroom Bay
Lembongan
Nusa Ceningan
Kusamba
Padang Bai
Tg. Biasmuntik
Prapat
Ped
Pura Ped
Toyapakeh
Kutampi
Mentigi
Sampalan
Telaga
Batumalapan
Sentalkangin
Sentalkawan
Biyaung
Sebunibus
Jurangpait
Goa Karangsari
289
Gelagah
Pidada
Sakti
139
Klumpu
Celagilandan
Suana
Pundukakaja
Bukit Mundi
529
Pulagan
Pura Batukuning
Semaya
Penangkidan
Nusa Penida
Pejukutan
Karangjawa
Batumadeg
Tg. Sari
Karang
439
Tg. Abah
Antapan
Dungkap
Tanglad
Debuluh
422
Ramoan
Tg. Moling
Sekartaji
Tg. Muntik
Tg. Bakung
Paselatan
Amed
Tg. Jambela
Biaslangtang
Jemeluk
Bunutan
Culik
Apa Kabar Villas
Lipah
Kahangkahang
Linggawana
Salang
343
Tista
Bangle
502
Tg. Ibus
768
Aas
Magatelu
Pura Lempuyang
(768)
Ngis
Terraces
G. Lempuyang
756
Batukoseni
1058
1175
G. Seraya
Kusambi
Gili Selang
Tanah Barak
Penahan
Seraya Timur
(Lombok Strait)
Rice Terraces
Kebon
Tegalinggah
Seraya
Amlapura (Karangasem)
Selalang
Puri Agung Kanginan
Tumbu
108
Biyol
Ujung
Puri Taman Ujung (Water Palace)
Jasri
Selat Lombok
Tg. Bias Putih
Gili Biaha
4 km

A
B
C
116
1
2
3
4
5
6
Tabanan
Penginadan
502
445
Blimbing
Kebonjajung
509
Denuma
Sandan
Penganggaan
Kedampal
Taman Sari
Pemanis
Suman-taye
Biaung
Cacan
Tengkudak
Sangketan
Penebel
Pohgending
Penatahan
Yeh Panas (Hot Spring)
Tegayang
Tajen
Yeh Empas
Tegallinggah
Kekeran
Yeh Balian
Yehotan
Pancoran
Ampadan
Tinggading
Jegu
Cepik
Mutung
Nagasari
Angkah
282
Rejasa
Buruan
Kelaci
Ngis
Tunjuk
Ole
Marga
Derma
Pegemelan
Lumbung
Antegana
Manseke
194
Pegubugan
Bali Butterfly Park
Peng
Sekartaji
Wanasari
Membal
Kesiut
Selemadeg
Timpag
Kutuh
Berembeng
Jelijih
Sorosi
Bluahan
Panti
Gadungan
Ancak
Suraberata
Antosari
154
Blubuk
Pengam-bengan
Balian Beach Resort
Lalanglingah
Bajera
Megati
Bantas
Payukbangkeh
Rianggede
Calagi
Serampingan
Batuaji
Dukunbuahan
Meliling
Kerambitan
Subamia-baleagung
Loddalang
Mambang
25
Belyu
Cekik
Wangkal
Mandung
Jadi
167
Denkar
Soka
Dukuhpulu
Tawakilang
Banjaranyar
Lumajang
Samsam
Kamasan
Bajra
Pura
Antap
Bebali
Santanbuah
Tabanan
(150)
Tanahbang
(95)
Tg. Bulungdaya
Banjarbongan
Tista
Krambitan
Pangkung-perahu
Subak Museum
Mengwi
Klecung
Tanggunti
Puri Anyar
Pangkungarung
Senggauk
Puri Agung
Jaketebel
Blumbang
Sronggo
Tanahpegat
Karipan
Beraban
Tandan
108
Demung
Pupu
Penarukan
Bantas-bandung
Kediri
2
Pasekan
Tegaltemu
Klating
Wanesera
Jumpayah
Kalanganyar
Pandakmeranggi
Pura Puseh
Pamesan
Tohjiwa
Klatingdukuh
Simpangan
Yeh Sungi
Sangiang
Sudimara
Mundeh
Tangeb
Yehgangga
Bengkelkawan
Kabakaba
Belalang
Dauhjero
S. Penet
Kapal
Panti
Balangpuseh
Beraban
Buwit
Umacandi
Dalu
Nyanyi
Krobokan
Gaji
Tanah Lot
Dukuh
Munggu
Padang-bali
Pura Tanah Lot
Sanglangan
Sedahan
Danginsema
Bali Nirwana Resort
Kangkang
Tibubeneng
Mengening
Pererenan
Kayutulang
Seseh
Canggu
Villa Puri Dewata
Pengembungan
Anyar Kelod
Banjartengah
Buana
Pelambingan
Berawa
Umalas
Batubelig
Taman
Petitenget
Pura Petitenget
Basangkasa
Seminyak
Legian
2
Teluk Kuta
Kuta
Waterbom Park
I N D I A N
O C E A N
Abiyankuta
Tuban
Ngurah Rai Int. Airport
Kedonganan
Pengederan
Teluk Jimbaran
Jimbaran
Four Seasons
Pura Belangan
Simpangan
Cengiling
Bukit
Bangbang Bargol
202
Suluban
Pura Luhur Ulu Watu
Bakung
Ulu Watu
Pecatu
Ungasan
Pura Mas Suka
Bali Cliff Resort
4 km

Gianyar
Badung
DENPASAR
UBUD
Gianyar
Bangli
Klungkung (Semarapura)
Sanur
Nusa Dua
Selat Badung
(Badung Strait)
Nusa Lembongan
Pulau Serangan (Schildkröteninsel)
Tanjung Benoa
Tg. Benoa
Labuhan Benoa
Tg. Serangan
Tg. Petanu
Mashroom Bay
Jungutbatu 1 1/2h
Lembar (Lombok) 2-2 1/2h
117
D
E
F
1
2
3
4
5
6
Tampaksiring
Pura Gunung Kawi
Tirta Empul
Pura Sakenan
Payangan
Pejeng
Goa Gajah
Yeh Pulu
Bedulu
Peliatan
Mas
Batuan
Celuk
Sukawati
Singapadu
Batubulan
Blahbatuh
Kesiman
Padang Galak
Museum Le Mayeur
Sindhu
Intaran
Batujimbar
Semawang
Blanjong
Sidakarya
Pesanggaran
Ponjok
Pura Sakenan
Labuhan Benoa
Cengkilung
Trora
Mumbul
Bualu
Kampial
Sawangan
Pura Geger
Nikko Bali Resort
Pura Gunung Payung
Sangeh
Monkey Forest
Taman Ayun
Mengwi
Pura Masceti
Pura Batu Klotok
Pura Segara
Pura Batu Kolok
Pura Kehen
Pura Dalem Cungkub
Kerta Gosa
Penglipuran
Tegallalang
Tegalalang
Sayan
Campuan
Kedewatan
Tegal
Sebatu
Pujungklod
Manukaya
Lumbuan
Kintamani
Bangkiangsidem
Rendang
Tembuku
Nyalian
Sidan
Goa Garba
Pura Penataran Sasih
Gedong Arca
Pura Samuan Tiga
Tegallingah
Pura Bukit Dharma
Kutri
Buruan
Abianbase
Kemenuh
Air Terjun Tegenungan
Taman Burung Rimba Reptil Bali Bird Park
Tegaltamu
Pura Puseh
Guang
Ketewel
Pabean
Rangkan
Gumicik
Biaung
Tohpati
Tanjung Bungkak
Bali Museum
Renon
Panjer
Sesetan
Kepaon
Pemogan
Pedungan
Dukuh
Pegok
Suwung
Glogor
Kajeng
121

A
B
C
1
2
3
4
5
6
Selat Lombok
Lombok
Ba
Seleng
Kayangan
Sidutan
Luk
Upak
Mayung
Tanjung Papak
Papak
55
Rempek
Gondang
Waker
Offshore Spring
Penjor
Tiu Pupas Waterfall
Nusa Gili
Gili Terawangan
Gili Meno
Gili Air
Pantai Medana
Karang
Kates
Monggal
Gili Terawangan
Sira
Tanjung
Ganggo Waterfall
Pura Medana
Jambianom
Pantai Sira
Bentek
676
Bangsal
Anjah
Baturunggit
Tanjung Serunggal
Pemenang
Medain
Kali Segara
Teluk Pandanan
Menggala
Terangan
Gn. Argapura
Pantai Nipah
Nipah
Kopang
Malimbu
460
Batulilir
601
Tanjung Rumbeh
Bentek
Monkey Forest
Baun Pusuk (Pusuk Pass)
851
1083
677
665
Gn. Pusuk
Mangsit
1418
Gn. Menginting
Karangdangan
Gn. Duduk
Senggigi
Gn. Pongkarkuninga
Teluk Senggigi
Pura Batu Bolong
590
Batu Bolong
Kebonbaru
Kali Jangkok
Kali Meninting
28
Kekait
Air Nyet
Batu Layar
Selaparang Airport
Gunung Sari
Pura Lingsar
Pura Sesaot
Sesaot
Pura Segara
Rembiga
Suranadi (300)
Pura Suranadi
P. Mayura
AMPENAN
CAKRANEGARA
MATARAM
Pura Meru
Narmada
SWETA
Taman Narmada
Pura Kalasa
22
Kembar kara
Mapakbelatung
Pringgarata
Nyamarai
Pagut
Gunung Pengsong
Kediri
Perina
Banyumulek
Rumak
Ubung
26
Aikmual
Padang Bai (Bali) 4 h
Gapuk
Jelantik
Endok
Bilekere
Bundue
24
Gerung
Bakongdasan
Puyung
Labuhan Benoa 2-2 1/2 h
Sukarara
Leneng
Muara Besar
Gili Anyaran
Gili Nanggu
Rincung
Tanjung Bebra (Desert Point)
Bangko Bangko
Sepolong
Labuhan Lembar
Ungga
Semaya
Gili Gedé
Gili Asahan
Pengawisan
Pura Sekotong
Ranggagata
Cemara
Darek
Selegong
Pancor
Batujai
Tanjung Pemalikan Alit
Labuhan Poh
Temeran
Sekotong Timur
Plambik
Penujak
Sekotong Barat
Taun
Gn. Mereje
149
Ketapang
Ketapang
379
Jelateng
713
Tanaka
Kabol
Sekotong Tengah
355
Tendaun
Bonder
Bukit
Pelangan Barat
Gn. Embit
Sayong
Kateng
418
Kelep
357
Rambutpetung
Mangkung
Pengembur
Repokgapok
Timbal
Jago
Masjid Kuno
490
Batugendeng
Mecanggah
276
Montong-sapah
Tanjung Batubukun
Suare
Tojang
299
Sade
Tanjung Marmadi
Teluk Mekaki
Sepi
Keling
Blongas
Pantai Selong Blanak
Selong Blanak
Slodong
Teluk Sepi
Gn. Barbojot
Tanjung Batujonggat
Gn. Panggang
197
Pengantap
Mawi
238
Tebuak
Mawun
329
Kuta
Teluk Panggang
Tanjung Ujunglangit
Teluk Trawas
Tampa
215
Are
Goling
Tanjung Belenanggung
Teluk Tampa
Tanjung Glopoh
Tanjung Pengulu
INDIAN OCEAN
10 km

D
E
F
li Sea
1
2
3
4
5
6
Akarakar
Embarembar
Sukadana
Labuhan Carik
Pengadang
Segenter
Anyar
Ancak
Guahgunjan
Bayan
Masjid Wetu Telu
Kalih Putih
Obel Obel
Munder
Batu Koq
Sidanggila Waterfall
Dasan-santong
Tenggorong
Senaru (860)
Torean
Pedamekan
Gili Lawang
Belangting
543
Selat Sangian
Gili Sulat
Tiuteja Waterfall
Sayang
Gn. Turunanjalan
1626
Sandongan
428
Gn. Terangbukit
Sugian
Ujung
Karya
Gn. Sampurarung
2037
Goa Susu (Milk Cave)
Sembalun Lawang
Gn. Sengkor
1490
Kokok Tibulete
Suradadi
Sembalun Bumbung
Sembelia
2612
Hot Springs
Gn. Kanji
Monkey Forest
Gn. Plawangan
2238
465
Labu Pandan
1892
2351
2045
Gn. Anjeman
103
Tibuborok
2664
Gn. Tanaklayur
Gn. Baru
2330
Sengkurik
Gili Pentangan
Danau Segara Anak
3726
2077
Gn. Nangi
Kampungbaru
Gn. Rinjani
Gn. Propok
1602
Leper
Rinjani Reserve
Sengalangalang
Kokok Segare
Kokok Blimbing
Desanerot
Limbungan
Sapit (1400)
Labuhan Kayangan
Labuhan Tano 1 1/2 h
Pesugulan
Jeruk Manis Waterfall
Kuangreban
Labuhan Lombok
Joben Waterfall
Jukut Waterfall
Kontrak
Jeneng
Otakkokok
Timbanuh
Swela
Cemporonan
P. Belang
Kembang Kuning
Loang Geli
Makam Selaparang
Selaparang
Pemotoh
Tete Batu (600)
Pengadangan
Ketapang
Freshwater Spring
32
Pringgabaya
Wajegeseng
Aik Mel
Mambendaya
Kerumut
Kotaraja
Ledang Nangka
Lenek
Pringga Jurang
Suralaga
Aikdalem
Mantang
Loyok
Rungkang
Rempung
Penakak
Kilang
Suka Mulya
Korleko
Kopang
Sikur
Masbagik
Selong
Montong gamang
20
Pancor
15
Geres
Tanjung Belusun
Suradadi
Kabar
Kelayu
Pendem
Tanjung
Sakra
Lenting
Bakan
Kerem-bong
Janapria
Sisik
Palung
Montongtangi
Peneda-gandor
Labuhan Haji
P. Savong
Beraim
Lepak
Batunyale
Tebusisok
Surabaya
Sepit
Kertasari
Pejanggik
Beleka
Menceh
Seliat
Banjar
Mujur
Tundak
Selayar
Labuhan Balat
Ganti
Sukaraja
Keruak
P. Sesasait
Marong
Sepapan
Tanjung Luar
Tanjung Balat
Senanti
Bunterenq
Batu Rintang
Jerowaru
Pelebe
Teluk Taliwang
Kali Ganti
Sale
Teluk Kelebing
Tanjung Beru
Ngempeng
Salt Ponds
Tolone
Pene
Saung
Tanjung Galuh
Gelogor
Batu Nampar
Ekas
Pemokong
Tanjung Jelenganya
Salt Ponds
Temeak
Tanjung Ringgit
Pasung
Ekas
Sunut
Jelenga
Kelekuh
Teluk Mangkurun
Sumbawa
Teluk Awang Bay
Kuta
Awang
Kuangrundun
Pengorosdalam
Gerupak
Kaliantan
Teluk Serewe
Bumbang
Serewe
Sekaroh
Benete
Pantai Pedau
Tanjung Malok
Maluk
Pantai Aan
105
Tanjung Nunuk
Tj. Aan
Tanjung Labulawah
Tanjung Bilasayak
Tanjung Bungkulan
Sekongkang Atas
Tanjung Amat
713
Teluk Sekongka
Tanjung Mangkun
Tanjung Madasanger
Selat Alas

**In diesem Register sind alle in diesem Reiseführer erwähnten Orte und Ausflugsziele verzeichnet. Halbfette Seitenzahlen verweisen auf einen Haupteintrag, kursive auf ein Foto.**

## Bali

## Lombok



## Schreiben Sie uns!

**Liebe Leserin, lieber Leser,**

wir setzen alles daran, Ihnen möglichst aktuelle Informationen mit auf die Reise zu geben. Dennoch schleichen sich manchmal Fehler ein – trotz gründlicher Recherche unserer Autoren/innen. Sie haben sicherlich Verständnis, dass der Verlag dafür keine Haftung übernehmen kann. Wir freuen uns aber, wenn Sie uns schreiben.

Senden Sie Ihre Post an die MARCO POLO Redaktion, MAIRDUMONT, Postfach 31 51, 73751 Ostfildern, info@marcopolo.de

## Impressum

Titelbild: Tänzerin (laif: Emmler)
Fotos: R. Eisele (68); HB Verlag: T. Raupach, H. Schwarzbach (38, 72, 77, 83); laif: Emmler (111); Mauritius: Kugler (24), Vidler (56, 70); C. Schieber (7, 9, 11); P. Spierenburg (12); O. Stadler (U r., 2 u., 6, 25, 26, 27, 61, 65, 66); T. Stankiewicz (2 o., 41, 87); M. Strobel (5 o., 14); M. Thomas (U l., U m., 1, 4, 18, 20, 21, 22, 30, 35, 45, 46, 48, 50, 53, 63, 84, 89, 90, 94, 97, 98); Transglobe: Winter (5 u., 37); White Star: Reichelt (32, 79, 92)

**6., aktualisierte Auflage 2007** © MAIRDUMONT, Ostfildern
Herausgeber: Ferdinand Ranft, Chefredakteurin: Marion Zorn
Redaktion: Corinna Walkenhorst, Bildredaktion: Gabriele Forst
Kartografie Reiseatlas: © MAIRDUMONT, Ostfildern
Vermarktung: MAIRDUMONT MEDIA, media@mairdumont.com
Gestaltung: red.sign, Stuttgart
Sprachführer: in Zusammenarbeit mit Ernst Klett Sprachen GmbH, Stuttgart, Redaktion PONS Wörterbücher

Printed in Germany. Gedruckt auf 100% chlorfrei gebleichtem Papier

# Bloß nicht!

**Besonderheiten auf Bali und Lombok, über die Sie informiert sein sollten**

## Drogenbesitz riskieren

Drogenbesitz, -konsum und -handel unterliegen drakonischen Strafen, in schweren Fällen droht sogar die Todesstrafe. Das gilt auch für Ausländer! Die Botschaften können dann möglicherweise auch nicht mehr helfen. Dennoch werden – besonders auf Bali – den Touristen manchmal billige Drogen angeboten, vor allem Haschisch. Gehen Sie auf keinen Fall auf konspirative Treffs für einen so genannten »Deal« ein.

## Kindern den Kopf streicheln

Niemals sollte einheimischen Kindern über den Kopf gestrichen werden. Der Kopf gilt als rituell reinstes Körperteil und darf von Fremden nicht angefasst werden.

## Korallenbänke betreten

Auf den Korallenbänken der Gilis vor Lombok sollte man nicht laufen: erstens, um sie zu schonen; zweitens kann dort versteckt ein Stonefish sitzen, der aussieht wie ein hellbrauner Stein, aber sticht, wenn man darauf tritt. Das Gift kann zum Tod führen, wenn kein Gegengift injiziert wird, zumindest aber unglaubliche Schmerzen verursachen.

## Organisierte Touren buchen

Zu den größten Tempeln werden vielfach organisierte Touren angeboten. Sie können sicher sein, dass am Zielort bereits Dutzende von anderen Touristenbussen stehen. Erkundigen Sie sich bei den großen Reiseorganisationen nach den üblichen Abfahrtzeiten – und wählen Sie eine andere. Der Besakih entfaltet seine Schönheit nicht im Angesicht großer Besucherscharen. Planen Sie einen Ausflug für den frühen Morgen oder die Zeit vor Anbruch der Dunkelheit. Die Ausgaben für einen Leihwagen lohnen allemal.

## Quellen entweihen

In heiligen Quellen darf auf keinen Fall gebadet werden! Wenn Sie es doch tun, kann es teuer werden, da danach eine aufwendige Reinigungszeremonie notwendig ist.

## Ungeduldig werden

Bei Problemen mit Behörden, der Polizei oder den Reiseorganisationen sollte man sich mit Geduld wappnen. Schimpfen und Gestikulieren führen zu Gesichtsverlust. Mit ein wenig Verhandlungsgeschick und Freundlichkeit kommt man schneller zum Ziel. Zuweilen geht es nicht ohne ein kleines Trinkgeld, etwa, wenn die Gefahr besteht, einen Flug zu verpassen, weil der Beamte sich ausführlich mit Ihrem Pass oder den Zollformalitäten aufhält. Das Trinkgeld, wenn es wirklich unumgänglich ist, sollte in jedem Fall äußerst diskret angeboten werden.